道州制の論点と北海道

佐藤　克廣

地方自治土曜講座ブックレットＮｏ．102

はじめに

講演の概要

本日は「道州制の論点と北海道」というテーマでお話しいたします。おおむね今日の講義の進行は、第一に、道州制といってもさまざまな提案がございますので、まず「道州制提案のヴァリエーション」についてお話しをいたします。これに約四〇分程度かける予定です。次に、道州制の基本にある都道府県の問題を道州制と関連させて、都道府県の機能としてどのようなものがあるのか、あるいはどういう機能を持とうとしているのかということをお話しします。これを三〇分程度おこなう予定です。三番目に、北海道道州制特区構想の経緯と概要を約二〇分ほどお話しする予定です。この概要については、ほとんど道庁の構想の受け売りになります。最後に、それでは北海道における地方分権を考える場合道庁の問題をどのように考えたらよいのかということを三〇分程度お話ししたいと思います。

道州制とは何か

それでは、まず道州制というのはいったい何であるのかということから始めます。そもそも道州制はどのように定義されているのかということです。いろいろな定義の仕方がございますが、一般に道州制を語る人たちは道州制の導入が望ましいと考えておられる方たちが多いわけですね。そういった方たちが定義する場合には、「規範的定義」つまりこういうふうにした方がよいのだという形式の定義をなさるわけです。それに対して、今回お話しする際、道州制という言葉を使いますときにはどちらかというと「分析的定義」に基づいてお話しをしたいと思います。つまり道州制をどうしたらよいか、どのような道州制がよいのかというお話しよりも、〈道州制〉という言葉でどういった議論がなされているのかを紹介する都合上、分析的なほとんど価値観を含まない定義

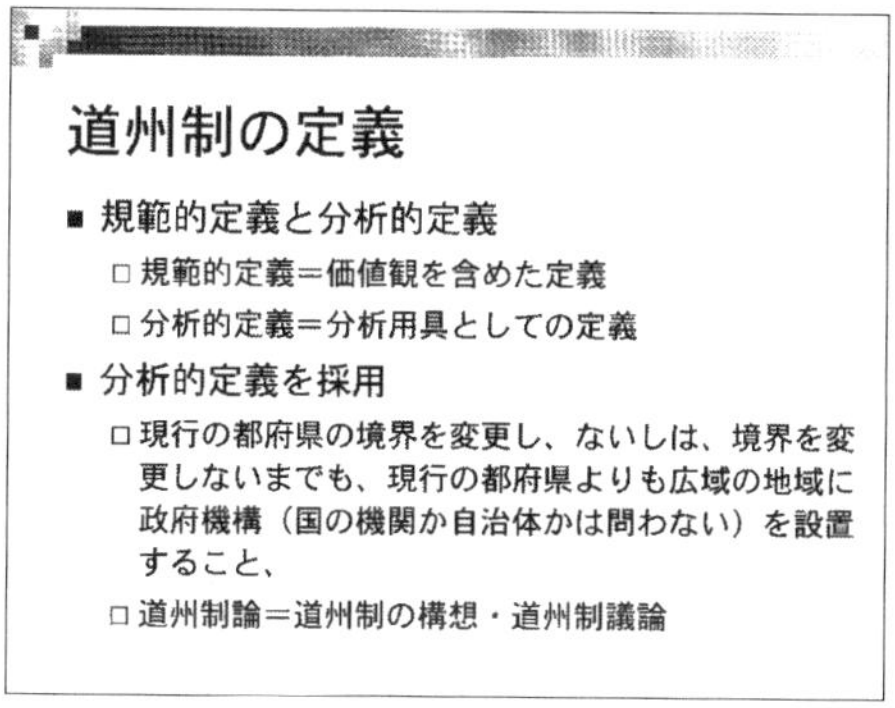
道州制の定義
■ 規範的定義と分析的定義
□ 規範的定義＝価値観を含めた定義
□ 分析的定義＝分析用具としての定義
■ 分析的定義を採用
□ 現行の都府県の境界を変更し、ないしは、境界を変更しないまでも、現行の都府県よりも広域の地域に政府機構（国の機関か自治体かは問わない）を設置すること、
□ 道州制論＝道州制の構想・道州制議論

をしたいと思います。

レジュメに書いておりますけれども、「現行の都府県の境界を変更し、あるいは、変更しないままでも、都府県よりも広い地域に政府機構をおく」という程度にしておくのがよいと思います。北海道の場合は、たとえば青森県と一緒になるという議論はまず見あたりませんので、境界の変更はほとんどあり得ません。しかしながら、北海道は、現行の都府県のいずれと比較しましても、比べものにならない面積の広さがありますので、都府県よりも広い地域ということにはなります。その広い地域の政府機構を、国の機関とするのか、あるいは自治体とするのか、考え方としては、あるいは、提案としてはいろいろなものがあります。実は、この国の機関なのか自治体なのかは大いに問題のあるところ、議論のあるところですが、先ほども申しましたように、どんな道州制の論議があったかということを見ていくためには、とりあえず、「都府県よりも広い地域に政府機構をおく」制度というくらいの漠然としたものにしておきます。

また、本日、〈道州制論〉といった場合には、各種の道州制の構想でありますとか、道州制をめぐる議論というものを指すということにしたいと思います。

北海道の広さ

北海道は、今申し上げましたように、現行の都府県よりは圧倒的に広いわけです。前に、関東で仮に都県が一緒になったらどうなるんだろうということを調べたことがございます。関東を新潟県や静岡県まで入れて、一都一〇県の区割りにしてみました。これは、関東経済産業局という国の支分部局の区割りですね、それと同じにしてみました。国の支分部局の区割りは、各省により様々になっていますが、この経済産業局というのは、その中でも関東の局としてはもっとも広い区割りになっているものです。これは、一一も都県を含むわけですから、相当に広い面積となるだろうということは想像ができますね。ところが、面積はこれでも、北海道の一〇分の八、つまり、北海道の八割の面積にしかなりません。人口は、めちゃくちゃ多くなります、五千万人を超えてしまいますが、面積から見ると、北海道の八割ということなんですね。この例からもわかりますように、北海道は面積的には十分に道州制の資格がある、資格があるというのも変ですが、道州制の基準を満たしているといってよろしいかと思います。

道州制提案の種類

さて、そうした道州制についての提案には、いろいろなヴァリエーションがございます。大きく分けますと、三つほどになるのではないかと思われます。一つは、国の地方の総合出先機関としての道州です。これは、戦前の明治憲法下における府県がこれに当たると考えてよろしいのではないかと思います。戦前の府県は、おおむね国の総合出先機関でありました。それによって、国の各府省の事務を、地方においては分散しないで、いわば統合して行うという考え方、仕組みがとられていたわけです。これは、よく「官治型道州制」といわれるものです。つまり国が治める道州制という意味ですね。

もう一つは、特に一九五〇年代に道州制の議論が盛んになったことがございました。そのときに出てきた道州制論です。同じような提案が現在でもないわけではございません。地域開発の推進のための行政機構として道州政府を設置するという考え方があり

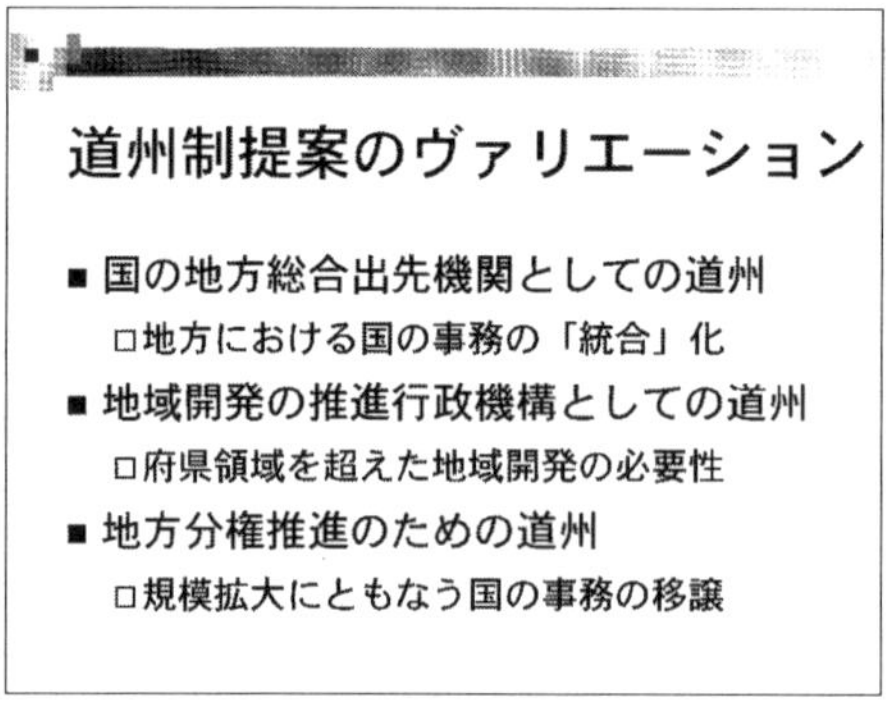
道州制提案のヴァリエーション
■ 国の地方総合出先機関としての道州
□地方における国の事務の「統合」化
■ 地域開発の推進行政機構としての道州
□府県領域を超えた地域開発の必要性
■ 地方分権推進のための道州
□規模拡大にともなう国の事務の移譲

ました。これは、現行の府県というのは、一八八八年に現在の区割りが定まってから、一二〇年近くになりますか、多少の区域の変更はあったものの、名称も含めてほとんど変わっていないわけです。その府県の領域というのが狭すぎる。特に、経済成長のために地域開発を行っていくという上では、狭すぎるというので、それを超えた政府、当時としては、政府というよりは、行政機構と考えられていたわけですけれども、そうしたものを作って地域開発を推進していこうというわけですね。そうした考え方に基づく道州制論がございます。

三番目は、地方分権を進めるための道州制です。これは、ちょうど市町村合併と似たような発想となると思いますけれども、現行の狭い都府県、あるいは、人口規模の小さい府県では、地方分権改革の受け皿にならないという議論が前提にあるように思われます。鳥取県ですか、人口も六〇万人くらいしかいませんし、もちろん面積も小さいわけですね。また、札幌市の人口は、約一八三万人ですけれども、四七都道府県を人口順に並べますと、実は半分くらいの県が札幌市よりも人口が少ないのですね。三重県がほぼ札幌市と同じくらいになりましょうか。二〇を超える県が、実は札幌市よりも人口が少ないわけです。そうした人口の少ないところに国の権限を移譲せよといっても、受け皿にならないのではないかという議論を想定しつつ、ある程度規模を拡大した上で、地方分権を進めていこうという発想の道州制論があろうかと思います。

1　道州制論の歴史

州庁設置案

ここで、少し、歴史的にさかのぼってみたいと思います。今日お配りした、私の書いたもののコピーがお手元にあると思います。副題がオジンギャグみたいで申し訳ないのですが、「―呉越道州・道州異夢を排するために―」となっている「道州制論議を考える」というものです。この中でも少々紹介してございますので、詳細は後でそれをご参照頂ければと思います。

戦前にも、道州制の議論というのがございました。多くの研究者たちが、これが日本で最初の道州制案だとして紹介するのが、一九二七年に政友会の田中義一内閣時代に検討された「州庁設置案」というものでございます。当時は先ほどもいいましたように府県というのは国の総合出先機関であり、知事はほぼ内務官僚が任命される、官選の知事であったわけです。したがいまして、府県と国の行政区画というのが、全く同じであったわけです。国の行政区画と府県とは、一致していたわけです。それをやめて数府県をまとめて、行政区画、国の行政区画として「州」を設けるという案でした。

北海道は、残念ながら議論の対象に入っていませんでした。北海道以外に六つの州を作るという案でした。これだけ見ますと、まさに官治型の道州制案だということになります。ただ、実は、この州庁を作ったからといって、この案では府県を廃止するわけではないのですね。むしろ、府県を純粋の地方自治体にする。そして、府県の知事を公選するという制度を導入しようというも

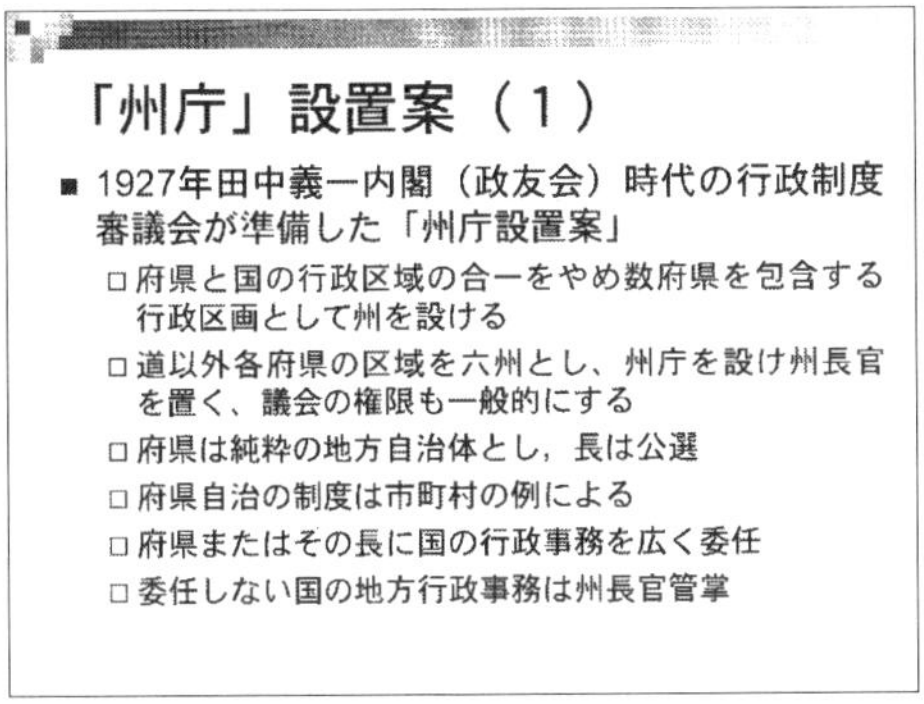
「州庁」設置案（1）
1927年田中義一内閣（政友会）時代の行政制度審議会が準備した「州庁設置案」
府県と国の行政区域の合一をやめ数府県を包含する行政区画として州を設ける
道以外各府県の区域を六州とし、州庁を設け州長官を置く、議会の権限も一般的にする
府県は純粋の地方自治体とし，長は公選
府県自治の制度は市町村の例による
府県またはその長に国の行政事務を広く委任
委任しない国の地方行政事務は州長官管掌

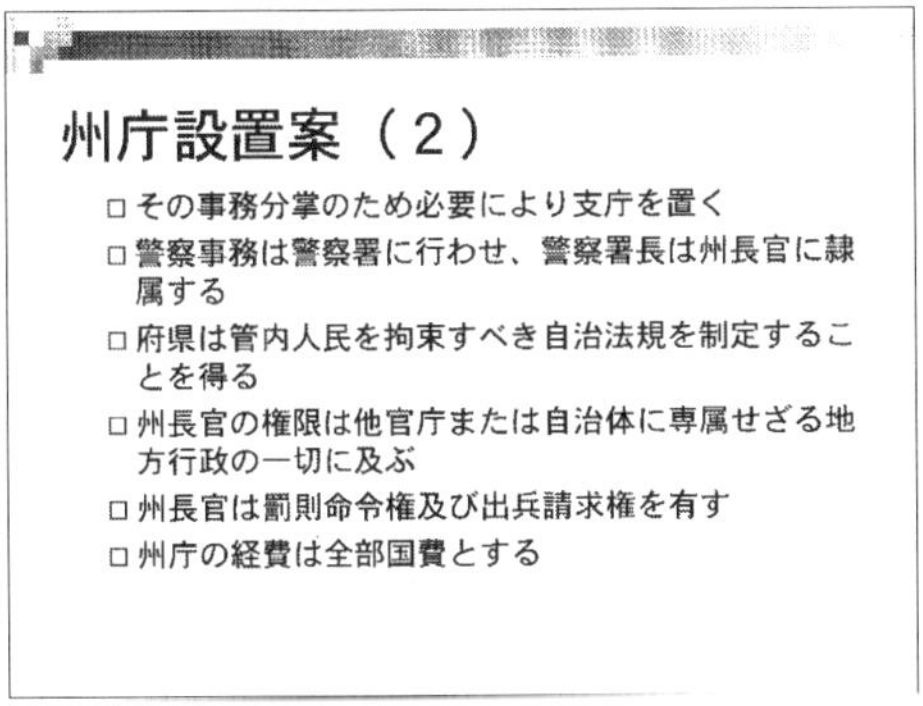
州庁設置案（2）
その事務分掌のため必要により支庁を置く
警察事務は警察署に行わせ、警察署長は州長官に隷属する
府県は管内人民を拘束すべき自治法規を制定することを得る
州長官の権限は他官庁または自治体に専属せざる地方行政の一切に及ぶ
州長官は罰則命令権及び出兵請求権を有す
州庁の経費は全部国費とする

のであったのですね。そして、府県の自治も、「市町村の例による」となっていました。当時の市町村は議員の公選だとか、当時の府県に比べれば自治的であったわけです。このように、府県については、ある種の〈自治体〉化を図ろうとする案であったとも言えます。もちろん、戦前の制度における自治体でありますから、今の自治体のイメージとは微妙に異なります。とはいえ、この案は、府県を自治体化しようとする案であったといえます。

まとめていいますと、この案の道州制では、州庁は国の総合的な出先機関として置かれるということになりますが、逆に、一方では府県を完全自治体化していこうという、そういうもくろみがあったわけです。そういう点もネックになったのかもしれません。この案は、検討されたというだけで特に具体的な改革の政治日程に上ったわけではありません。

次に、これも戦前から戦中にかけて、むしろ戦中といった方がよろしいかと思いますが、いくつかの道州制類似の制度がございました。これらは、要するに戦争遂行のための行政組織ということになると思います。最初は、「地域協議会」で、これは地方の府県間の相互連絡調整が目的で、次の、「地方行政協議会」の場合には、府県と国の省庁の個別の地方出先機関を含めた総合連絡調整を図ることが目的とされていました。

これは、少し注釈が必要ですね。現在も国の各省は、専門的には地方支分部局といっていますが、それぞれいくつかのいわゆる地方出先機関をもっています。その行政と都道府県の行政との二重行政といった非効率性がよく問題とされるわけです。実は、戦前もそういった各省庁が、総合的出先機関としての府県があるにも関わらず、自分たちの出先機関を作っていくという傾向があったわけです。したがって、いずれも国の行政機構でありながら、バラバラになっているということがあったわけです。それをまとめよう、それによって効果的に戦争遂行体制を作ろうというものが作られてきたわけです。

地方總監府

- 「地域協議会」　1940年に地方行政の運営について府県相互間の連絡調整を図るため北海道を除く８地方に設置。
- 「地方行政協議会」　1943年に北海道も含む９地方に改組設置。府県に加え国の地方出先機関を含む行政の総合連絡調整を図るように刷新された。
- 「地方總監府」　1945年６月改組、単なる協議機関ではなく統轄機関として強化。短命。
- 「地方行政事務局」　1945年11月、地方における行政の各般の総合連絡調整を図るよう組織替えされ，1947年4月に廃止。
- （天川　1986：115，吉富　1965：215-7）

これは、戦争に負ける直前なのですけれども、「地方總監府」というのが作られました。これは、日本で、おそらく道州制として機能したと思われる、まあ、この時期ですからそういうのは難しいのですし、制度としては、道州制という意識は余り無かったかもしれませんが、最初で最後のものであると言ってよいでしょう。これは、しかし、一九四五年の六月に作られたものですから、八月には敗戦になっています。敗戦後すぐに、「地方行政事務局」というかたちに改組され、まもなく一九四七年には廃止されるわけです。

道制・州制案

戦後になりますと、行政調査部が、「道制・州制案」、これは、道制と州制という二つの案ですが、そういうものを提案しました。道制案というのは、全国に九つの「道」をおいて、それを地方公共団体にする、という案です。国の事務もできるだけ道に行わせるというのですから、現在の地方自治法のものとは少々違いますが、現在の府県に近いようなことを、区域を広げて自治体として行うという案です。東京都の場合は、二三区を特別市にするというものです。特別市というのは、戦後すぐの地方自治法に規程のあった制度で、実際にはどこの市も特別市にはなりませんでした。府県の中にあって、しかし、府県とは全く別に、府県の機能と市町村の機能と両方を行う市という制度です。

道制・州制案（行政調査部1948年）

- 道制＝都道府県を廃止し、全国を９の道に
  - 道は地方公共団体とし、その公共事務および法令により道に属する事務をおこなう
  - 国の行政事務はできるだけ道におこなわせる
  - 東京都を廃止し、現在の区の区域を特別市
- 州制＝都道府県を廃止、８の州にして州長官
  - 州長官は内閣総理大臣の、各事務は主務大臣の監督をうけ、州の国の行政事務をおこなう
  - 都道府県の事務はなるべく市町村に委譲
  - 特別市は廃止、都の区は市に、地方特別官庁は廃止

余談ですが、現在の政令指定都市は、この特別市をめぐる政治的対立の妥協の産物として生まれた制度だといわれております。

特別市は府県の手を離れますから、知事会としては、それには反対、しかし、大都市は、府県の統制には服したくないというので、特別市になりたいという、対立が戦前からありました。戦後の地方自治法で特別市制度が盛り込まれましたが、そうした対立もあって、どこも政令で指定されずに、五年ほどで制度としても廃止されます。その代わり、妥協の産物として政令指定都市という制度が作られ、これは、五大都市がすぐに指定され、その後拡大して現在に至っているわけです。政令指定市は、府県の中に包含されている市ですので、特別市とは違います。特別市は、府県とは別の地域という制度であったわけです。

さて、もう一方の案は、州制案というものです。こちらもやはり都道府県を廃止いたしまして、八の州にまとめるというものです。こちらは、官選の州長官を置くというものでした。したがいまして、これはまさに官治型の道州制案というわけです。当時の都道府県の事務は、なるべく市町村に移していきましょう、特別市は廃止しましょう、という案でした。また、国の地方の出先機関も廃止し、州に統合していきましょうというものでした。これらのものは、案として検討されたという程度のものだと言ってよいでしょう。

「地方」案

次に、有名な、よく紹介される第四次地方制度調査会の案に移っていきましょう。実際には、第二次地制調で相当議論されていたものです。第四次地制調になって、その答申案が出ました。これがいわゆる道州制案で「地方」案というものです。この「地方」案というのは、一九五七年の第四次地制調の最終的な総会において、三二人中一七票というかろうじて過半数を確保して答申として採択された案でした。

第４次地制調「地方」案

- 第４次地制調答申
- 現行府県を廃止し、国と市町村の間に中間団体として「地方」をおく。
  - □「地方」は、地方団体としての性格と国家的性格とを併せ持ち、その区域は全国を７ないし９ブロックに分割したもの
  - □「地方」の組織は公選で選ばれた議会と、議会の同意を得て総理大臣が任命した任期３年の「地方長」とする
  - □「地方」の事務は、現在、国、国の地方出先機関、府県が処理している事務で移譲しうるものとする
  - □「地方」を管轄区域とする国の総合地方出先機関（「地方府」）をおき、「地方長」をその長とする

日本でも指折りの行政法学者でありました田中二郎先生がこの地方制度調査会委員として入っておられました。第二次の道州制論議の時も田中先生は入っておられました。第四次の時は、田中先生によれば、第四次の地方制度調査会委員にほとんどいわゆる「道州制推進論者」を集めたので、道州制案が答申されるだろうということは明白であると思っていた、ところが、意外にそうはならなかった、というような述懐をあとである対談の中で回想して

おられます。

この案自体は、官治型の道州制案として受け止めて良いものでした。総務省の資料などでは、地方団体としての性格と国家的性格とを併せ持っていたとして、官治型と地方自治型の中間型としておりますが、内実は、官治型であると私は思っております。

道州の区域は、全国を七ないし九ブロックに分割するとしております。これは、七ブロックにするか、八ブロックにするか、九ブロックにするかで、それぞれ、人口や面積や所得などを計算しています。また、地方長官は、道州である「地方」の議会の同意を得て総理大臣が任命する「地方長」というものを置くとしています。これが執行機関になるわけですね。できるだけ、この「地方」の事務というのは、国が処理しているものをどんどん委譲していくということを提案しています。

一方、「地方」には、議会が置かれるというので、半分自治体的な部分とそれから国の出先機関の両方の性格を持たせようという提案ではあります。ただ、このときは、さきほど触れました田中二郎先生などは、「地方」庁案に対して反対をなさったわけです。せっかく戦後になって府県が広域的自治体として、完全自治体化したのに、それをもう一度戦前の官治型の府県型に戻していこうという趣旨をもった案だというわけです。したがって、まさに地方自治の後退であるというので、反対をされたわけです。

「県」案

ただ反対をするというだけでは良くないと思われたのか、「県」案というものを、これは、府県統合案といった方がわかりやすいのですが、そういったものを提案なさいました。これは、一、三の府県を統合して、当時の府県のままの機能を持たせたものにしていくという案でした。実は、さきほど紹介しました戦前の田中義一内閣の頃もそうでしたけれども、道州制の話が出てくる背景としては、府県の区域が狭いという意識や意見が強まったときというのがございます。これが、ある意味一番もっともらしい理由として出てくるわけです。この一九五〇年代にもそういうようなことが出ておりました。これからの高度経済成長、地域開発に府県の区域は、いかにも狭すぎるといったような問題意識ですね。そういった背景がありますから、「地方」庁案に反対するのに、そ

第４次地制調府県統合案

- 第四次地方制度調査会少数意見
- 現行府県の完全自治体としての性格を維持しつつ、おおむね３，４の府県を統合して府県区域の再編成を行うとともに、国、府県、市町村の間の事務の合理的再配分を行う
  - □ 統合した府県を「県」とする。「県」は１５～１７
  - □ 現行通り住民の直接選挙による議会と知事をおく
  - □ 住民の日常生活に直結する現行の府県の事務は市町村に移譲
  - □ 地方の総合開発計画の策定、治山治水事業など広域にわたる事務、警察・教育などのほかに、国及び国の地方出先機関の事務を移譲する

れならば、現行の府県のままでよいのかと反論されると、それはいろいろ問題があると応えざるを得ないわけですね。したがって、府県をいくつか統合して、より広域な自治体にしていくということが良いのではないかというのが、この府県統合案であったわけです。

この概要は、スライドに示したとおりですが、現行府県の完全自治体としての性格を維持しつつ、つまり、現行通り住民の直接選挙による議会と知事をおき、おおむね三つから四つの府県を統合して府県区域の再編成を行うとともに、国、府県、市町村の間の事務の合理的再配分を行う、というものでした。そして、統合した府県を「県」とし、この「県」の数は、一五～一七とするというものでした。この場合、住民の日常生活に直結する現行の府県の事務は市町村に移譲し、国は、「県」に対して、地方の総合開発計画の策定、治山治水事業など広域にわたる事務、警察・教育の事務、国及び国の地方出先機関の事務を移譲するという案でした。

この府県統合案は、少数意見でありましたけれども、さきほど申し上げましたように多数意見の「地方」庁案がわずか過半数ぎりぎりで賛成多数となりましたので、総理大臣には、この少数意見の方も両方提出しようということになったわけです。

府県合併案

その後は、こうした道州制の議論は、あまり行われておりません。たとえば、地方制度調査会では、最近の二七次地制調になるまで、道州制論議は封印されてきたわけです。逆に第九次、第一〇次の地方制度調査会では、むしろ府県合併案、つまり、都道府県合併のやり方をもう少し簡便にしようという案が出されました。これは、法律案も作られて、国会にも提出されたのですが、何度かの国会審議を経ても成立せずに、廃案となってしまいました。第四次地制調は、「地方」庁案という道州制案を答申したのですけれども、実際の政治的な改革日程として上ってきたのは、少数意見だった府県統合案であったというわけです。

2　最近の道州制提案

第二七次地方制度調査会

そして、皆さんのご記憶に新しい、第二七次地制調でまた道州制という提案が出てきたわけです。そこで、この二七次地制調の答申を振り返ってみたいと思います。

背景といたしましては、もちろん、このスライドの最初に書いておりますように、一八八八年以来、ほとんど何も都道府県の区域の変更がないということもあります。それと、実は、先ほど触れた、第四次地制調の答申が一九五七年であったことを思い出してみてください。これは、西暦でいいましたので、少しわかりにくい方もいらっしゃるかもしれませんが、ちょうど昭和の大合併が行われていた頃です。まさに、市町村合併が行われていて、市町村の規模がある程度大きくなったので、府県の区域が相対的に小さくなってしまった、府県の中の市町村の数が少なくなってしまったということがあったわけです。このときは、およそ一万ほどありました市町村数が約三千数百と三分の一まで減少したわけですから、これは相当なものでした。そうなりますと、市町村の規模は大きくなったのに、府県の規模は変わらないということでありますから、府県も大きくした方がよいのではないかという議論があったわけです。

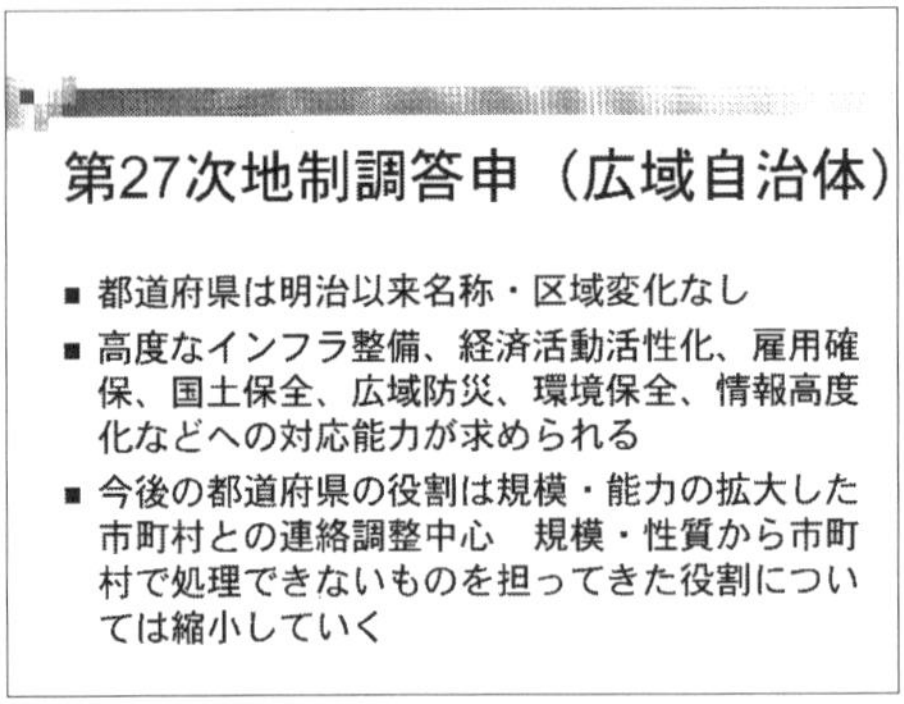
第27次地制調答申（広域自治体）
■ 都道府県は明治以来名称・区域変化なし
■ 高度なインフラ整備、経済活動活性化、雇用確保、国土保全、広域防災、環境保全、情報高度化などへの対応能力が求められる
■ 今後の都道府県の役割は規模・能力の拡大した市町村との連絡調整中心　規模・性質から市町村で処理できないものを担ってきた役割については縮小していく

まさに、二七次地制調では、悪名高いと申し上げておきましょうか、市町村合併が中心的な議題になったわけです。市町村合併が話題となって進行しているときに、道州制の議論が出てきているわけです。この第四次地制調の頃と、第二七次地制調とを重ね合わせてみますと、市町村合併が大きな話題ないし進行している時に道州制論議も活発になるという命題が成り立ちそうにも見えます。これは、道州制論議をなさる方々がどれほど意識されているのかどうかはわかりませんが、妙なというか、相当な符合があるということを感じます。

二段構えの道州制案

いずれにしましても、この第二七次地制調では、いろいろな意味で府県の区域が小さくなってきている、しかも、様々な経済活動や環境保全、それから防災の面といったことを考えても、府県の規模や能力を拡大していく必要があるのではないかという議論が出てきたわけですね。しかし、ご承知の通り、この二七次地制調の答申は、府県のあり方については、スライドでは二段構えと書きましたけれども、どっちつかずのようなものになっております。両論併記的なものになっております。もともとがですね、「都道府県のあり方」というのを調査会の討議項目に設定していたわけです。ところが、都道府県のあり方についての議論はそれほどなされずに、審議の過程ではどんどん道州制の議論になっていったようでありまして、最後の答申には道州制というのがどんどん出てくるということになったわけです。答申の章立てをごらんになればわかりますが、「都道府県

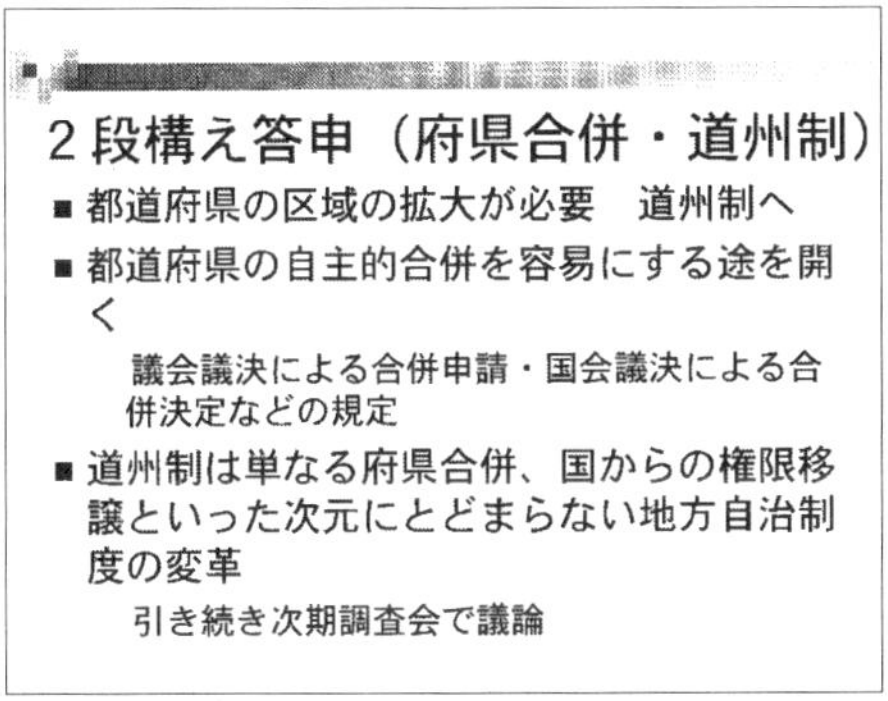

2段構え答申（府県合併・道州制）
■ 都道府県の区域の拡大が必要　道州制へ
■ 都道府県の自主的合併を容易にする途を開く
議会議決による合併申請・国会議決による合併決定などの規定
■ 道州制は単なる府県合併、国からの権限移譲といった次元にとどまらない地方自治制度の変革
引き続き次期調査会で議論

のあり方」となっていたところが、いつの間にか「広域行政のあり方」に変わってしまっています。そして道州制の提案が出てくるということになってしまっています。

二段構えと申しますのは、最初に討議項目に設定された都道府県のあり方のところで議論しようとしたのは、都道府県の合併の問題であったわけです。地方自治法に都道府県の定めがありますので、これに何らかの変更を加えようとする場合は、法律の改正、しかもある地域だけに適用される項目の改正ですから、憲法九五条の住民投票が必要になるわけです。これをどうしようかといった議論を想定していたようです。つまり、都道府県の合併に憲法九五条の住民投票までは必要ないのではないかという議論もあるわけです。都道府県の合併も市町村合併並みに、議会の議決だけでできるようにしようではないかという議論ですね。これは、かなり重要な問題であったはずで、前に触れた第九次、第十次の地制調答申を受けた法律改正ができなかった、廃案になってしまった問題です。ところが、あれよあれよという間に、つい最近（二〇〇四年五月）地方自治法の改正が提案されて、成立してしまいました。自主的に自分たちで合併する場合には、関係する都道府県議会の決議だけで良い、それがあれば国会で法律改正ができるという改正が、国会で議論もほとんど経ずに成立してしまったのはご記憶に新しいと思います。したがって、これは、第二七次地制調の答申が法律改正に結びついた例と言ってよいかと思います。

もう一つは、道州制の議論です。これも、そんなに頻繁にかつ熱心に議論されていたとも思われないのですけれども、最後にどっと答申に出てきました。そんなに議論がなされていないというのことをさすがに反省したのか、次期地制調、今行われている第二八次地方制度調査会ですね、詳細はそこでの議論にゆだねるということになったわけです。それを引き継いで、第二八次地方制度調査会の主要なテーマとして道州制が取り上げられているわけです。道州制というややわかりにくい話題であるためか、それほど新聞報道などで取り上げられてはいませんね。北海道の道州制特区は、結構頻繁に新聞紙上をにぎわしているのとは対照的です。

第二七次地制調道州制案のポイント

では、第二七次地制調では、道州制の方はどんな答申であったかということを少し振り返ってみることにしましょう。一つのポイントは、都道府県を廃止するということです。もう一つは、地方自治体として「道」または「州」を設置するということです。この「道」と「州」というのはそんなに区別して考えていないと思われます。先ほど紹介しました、戦後すぐの「道制」案とか「州制」案とかいう場合は、「道」というのは地方自治体だし、「州」というのは官治型のものであるということがはっきりしていました。しかし、この二七次地制調の場合は、そんなようにはっきりしているわけではありません。

主眼は、分権改革の推進ということであります。できるだけ国の役割を限定していこう、そして多くの権限を地方に移譲していこうとする、ある種の「受け皿」的な発想があるのではないかと思われます。もちろん、自治体にするということでありますから、道州の長や議会議員の公選、これは現行の都道府県と変わらないようにしようということになっていますね。しかし、受け皿として区域は拡大しようということです。「原則として」という限定はありますが、現在の都道府県の範囲を超える広域的単位とするというのがあります。北海道はどう考えても青森県と一緒になるというようなことはなさそうですので、そこが「原則」なんだろうと思いますが、また、北海道以外では「都」ですね。これは、また特殊な制度になっているわけです。したがって、東京都は、検討対象からもしかすると抜けているのかもしれません。いずれにしても、そういったところが「原則」という意味だろうと思います。現在進行中の第二八次地制調で検討されていることと思わ

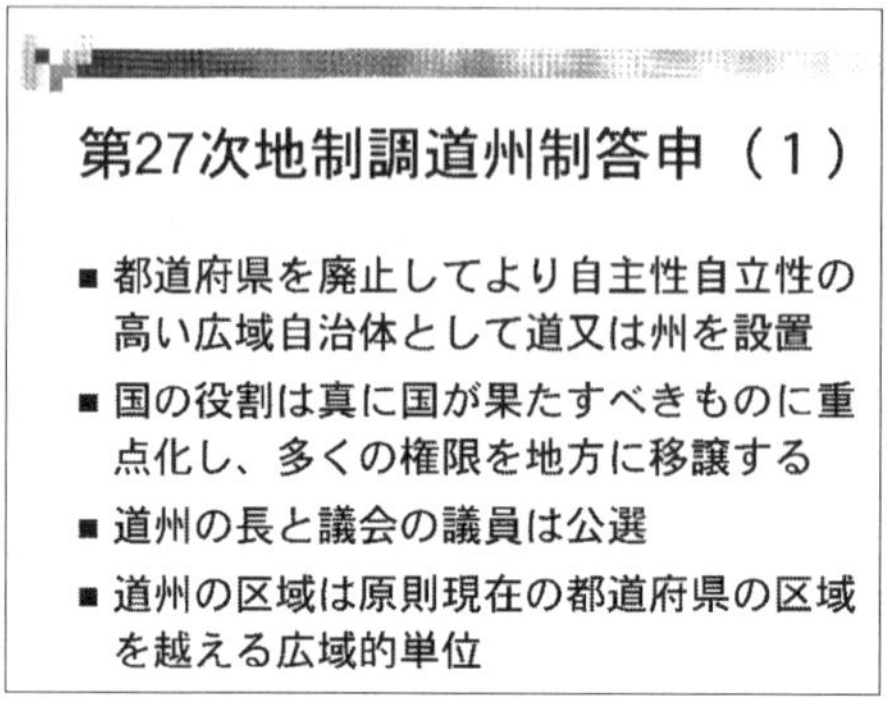
第27次地制調道州制答申（1）
■ 都道府県を廃止してより自主性自立性の高い広域自治体として道又は州を設置
■ 国の役割は真に国が果たすべきものに重点化し、多くの権限を地方に移譲する
■ 道州の長と議会の議員は公選
■ 道州の区域は原則現在の都道府県の区域を越える広域的単位

れます。「原則」的ではあるものの、都道府県よりも広域的な自治体を作ろうというわけです。

提案された自治体としての道州のイメージ

ただ、やや注意をしておかなければならないというか、気になりますのは、この答申案の中で、現行の地方自治法第一条の二ですね、皆さんよくご存じだと思います。余談ですが、不思議なのは、「地方自治法」という法律の中に「国の役割」が書いてあるんですね。憲法とか、国家基本法とかにあった方がいいんじゃないかと思いますが、まあこれはいろいろ歴史的な経緯があるということになるのでしょう。

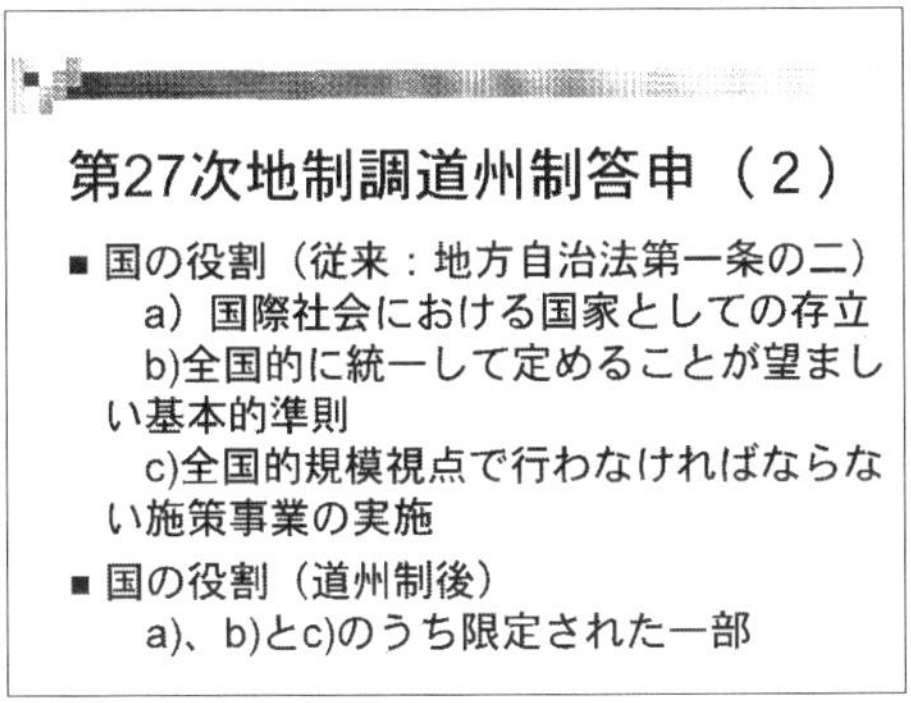
第27次地制調道州制答申（2）
■ 国の役割（従来：地方自治法第一条の二）
a）国際社会における国家としての存立
b)全国的に統一して定めることが望ましい基本的準則
c)全国的規模視点で行わなければならない施策事業の実施
■ 国の役割（道州制後）
a)、b)とc)のうち限定された一部

話を元に戻しますと、地方自治法に国の役割を三つ書いてあります。一つは、国際社会における国家としての存立に関係すること、二番目は、全国的に統一して定めることが望ましい基本的準則の設定、三番目は、全国的規模や視点で行わなければならない施策事業の実施というわけですね。スライドでは、まとめてあり

ますので、法律の条文そのままではありませんが。この三種類が、地方自治法に国の役割として書かれているものです。

第二七次地方制度調査会の答申を見ますと、道州制ができた後の国の役割は、一番目と二番目、スライドではa)とb)としている部分ですね、これは残って、三番目、c)のうち限定された一部が国の役割だというように書いてあります。これは、結局「権限移譲」といいながらですね、一番目も二番目も抽象的ですので、何をもって「国際社会における国家としての存立」というのか、あるいは何をもって「全国的に統一して定めることが望ましい基本的準則」というのかという議論が出てくるところだろうと思うのですね。三位一体改革で、義務教育国庫負担をどうするかとか、生活保護費国庫負担をどうするかといったような議論が出てくるというのは、そういうことですね。

しかし、まあこの部分は、第一、第二の部分は、国の権限から離さないぞといっているわけですね。特に、この二番目の「全国的に統一して定めることが望ましい基本的準則」の設定を国がやるんだというのを、これは絶対離さないぞと言っているように見えるんです。地方自治体としての道州制といっているので、意外と評価が高いのですが、というか、高い評価をする方が多いと思うのですが、よく見ますと、道州制でやるのは、この三番目の一部だけかということになります。一部を国でやると言うことは、そのうちのさらに一部しか道州にはこないという話ですね。ですから、なんだその程度かぁというのが、私の率直な感想でございます。これは、現在の第二八次地制調で具体的な議論がなされるかもしれません。

あと、ここに書いてありますのは、道州がどういったことを行うのかについて、第二七次地制調が提案していることでございます。産業振興だとか、雇用、国土保全、広域防災、環境保全、広域ネットワーク等の分野を担うといったことですね。

第27次地制調道州制答申（3）

- 産業振興、雇用、国土保全、広域防災、環境保全、広域ネットワーク等の分野を担う
- 国の地方支分部局が持つ権限は例外的なものを除き道州に移管
- 道州への国の関与、道州の基礎自治体への関与は必要最小限度
- 全国一斉か一定の要件合致地域からか
- 税財政制度の自立性を高める

それから、国の地方支分部局が持つ権限は例外的なものを除き道州に移管するということですね。これは、例外的となっておりますが、国の地方支分部局の仕事の中には、必ずしも地方自治体としての道州の事務にしなくても良いのではないか、あるいは、しない方がよいのではないかと思われるものもありますね。国有財産の管理をしている財務局とか、国税徴収を行っている税務署とか、出入国管理をしている税関とかですね。そういうものを除きということだろうと思います。

また、これは、現在の地方分権改革の中でも行われていたこと

ですけれども、道州への国の関与、それから道州の基礎自治体への関与は必要最小限度にするということですね。

もう一つは、これも必ずしもどっちということではないのですが、全国一斉で移行するのか、一定の要件合致地域、つまり早く移行できそうなところからか、ということですね。

また、皆さん注目されていると思いますが、道州の税財政制度の自立性を高めるということも入っていますね。これは、これしか言っていませんので、ではどのようにするのかといったことについては、これだけではよくわかりませんね。そういった答申になっているわけです。

関経連の道州制案

ここで、民間でなされている道州制提案を少し見てみたいと思います。これも戦後すぐから今までたくさんのものがございます。このスライドに示しましたのは、昨年、社団法人関西経済連合会が出しました『地方の自立と自己責任を確立する関西モデルの提案』（二〇〇三年二月）をまとめたものです。この案は、昨年（二〇〇三年）の二月に出されたものですから、皆さんもよくご存じかもしれません。この案では、道州制の四つのパターンを示しまして、そのうちのどれを採用するかは、地域の実情にあわせて選択すればよいというものです。

　パターンAというのは、「府県連合型」で、「府県」が連合して、事務と課税権の一部を移管し「州」を設立するというものです。パターンBは「府県特別区型」で、「府県」が連合して「州」を設立し、「府県」は「州」の特別区として一部の事務と課税権を持ち、公選の首長や議会も残すというものです。パターンCは、「府県行政区型」で、「府県」が合併して「州」を設立し、「府県」は「州」の行政区とし、したがって公選の首長や議会はおかず、課税権もない、というものです。

段階的道州制移行案

- 社団法人関西経済連合会『地方の自立と自己責任を確立する関西モデルの提案』（２００３年２月）
- 「州」と都道府県との関係を４パターン化、採用は地域の事情による
  - パターンＡ（府県連合型）＝「府県」が連合、事務と課税権の一部を移管し「州」を設立。
  - パターンＢ（府県特別区型）＝「府県」が連合して「州」を設立。「府県」は「州」の特別区として一部の事務と課税権を持ち、公選の首長や議会も残す。
  - パターンＣ（府県行政区型）＝「府県」が合併して「州」を設立。「府県」は「州」の行政区とし、公選の首長や議会はおかず、課税権もない。
  - パターンＤ（府県合併型）＝「府県」が合併して「州」を設立し、「府県」を廃止する。
- 州には人口要件や面積要件なし。２以上の都府県の合意で設立できる
- 州はいずれのパターンにおいても課税権や起債権を持つので、公選の議会と首長をおく必要がある。
- パターンＡ～Ｃの場合、州と構成都道府県との間の事務配分は両者で自由に決めることができるものとする。

パターンDは「府県合併型」で、「府県」が合併して「州」を設立し、「府県」を廃止するというものです。この場合、州には人口要件や面積要件を特に設けず、二以上の都府県の合意で設立できるとするものです。新しくできる州は、いずれのパターンにおいても課税権や起債権を持つので、公選の議会と首長をおく必要があるとしています。また、パターンA、B、Cの場合、州と構成都道府県との間の事務配分は両者で自由に決めることができるものとしています。

　これまでの関経連の案からみるとやや後退したのかなという印

象を持たなくはありません。今年の六月に、関経連の前の会長の方が、日本公共政策学会のディスカッションのパネリストとして参加なさいまして、「関経連もいつまでも道州制ばっかり言っていてもいかがなものか」といった趣旨のご発言をなさいまして、少々がっくり来ました。そういう意味では、これはどれくらい真剣に推進するつもりがあるのか、つかみにくいところがありますね。ましてや、このようにどれか選べるというのは、案としては、可もなく不可もなしということになりそうですが、やや真剣さに欠けるような気がします。関経連としては道州制が必要だという強い熱意のようなものはいささか後退したのかな、という気がいたします。

3　道州制の方向性

官治型道州制

さて、これまで歴史的にいろいろ提案されてきた道州制の議論を紹介いたしましたけれども、ここで、少し振り返ってまとめてみたいと思います。道州制には、大きく分けまして、国の総合出先機関としての道州というものと、それから、地方自治体としての道州の二種類があると一般には言われております。それでは、それぞれの道州制をどのように考えたらよいのかを検討してみます。

まず、国の総合出先機関としての道州をどのように考えたらよいのでしょうか。これについて

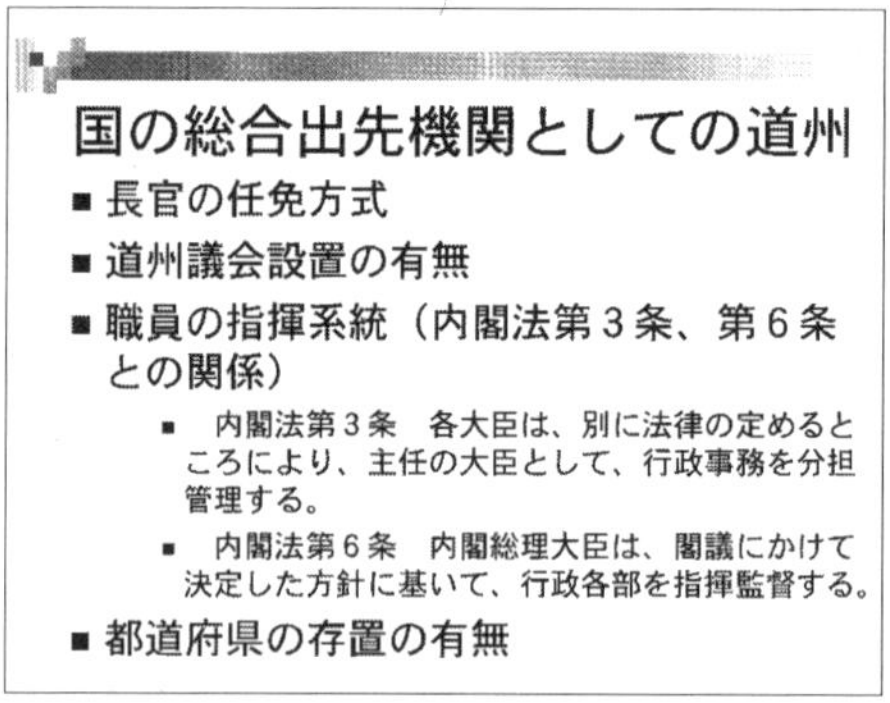
国の総合出先機関としての道州
■ 長官の任免方式
■ 道州議会設置の有無
■ 職員の指揮系統（内閣法第３条、第６条との関係）
■ 内閣法第３条　各大臣は、別に法律の定めるところにより、主任の大臣として、行政事務を分担管理する。
■ 内閣法第６条　内閣総理大臣は、閣議にかけて決定した方針に基いて、行政各部を指揮監督する。
■ 都道府県の存置の有無

は、今更、官治的な道州制の話はする必要はないのではないか、というご義論もあろうかと思います。これについては、後ほども若干述べますけれども、現在の道州制の議論というのは、必ずしも、この官治型の道州制を議論しなくても良いという状況にないのではないかと考えております。この問題も考えておかなければならないのではないかというふうに、私には思えます。成り行きに任せておくだけではだめなのではないかということで、少し検討してみたいと思います。

都道府県を残さない場合

このスライドの一番下に、都道府県存置の有無と書いてございます。都道府県を残すかどうかですね。これも二つに分かれるわけですけれども、皆さんにお配りした資料にも少し詳しく書いておりますので、スライドにはあまり書きませんでした。都道府県を残さないというケースの場合には、相当厳しい官治型の道州制ということになります。仮にこの道州制が導入された後では、市町村に現行の都道府県の権限や事務を相当に移譲するということになっても、これまた非常に厳しい状況になってくる可能性がございます。それは、もし現行の都道府県の仕事を市町村に相当程度分権化していくと言いましても、市町村自体の規模がある程度大きくなっていかないと、これはなかなか難しいわけです。『読売新聞』は、確か九つの州と三〇〇の市町村といった案を提案していたことがございました。つまり、市町村は全国で三〇〇しかないという状況を作ろうというわけですね。それくらいの規模をもった市町村にしておいて、そして都道府県の事務を市町村に移譲する、それでも自治は確保できるのだという論理だろうと思います。これは、私は相当危ない議論だろうと思います。したがって、この都道府県をなくして、官治型の道州制にするのだという議論は、私自身もほとんど議論の余地がない、つまり、あり得ないし、そのようなことになってはならないと考えています。思いっきり反対するしかないと思っています。

都道府県を残す場合

一方、都道府県を残すというケースがあり得ます。これも、行政の効率性という観点から見ますと、あまり考えられないケースかもしれません。一応、国の総合出先機関としての道州を置くと考えた場合の論点としては何があるかということを検討してみたいというわけです。一つは、長官、というか知事というかわかりませんが、道州の執行機関の長ですね。それをどのように任命するのかということがあります。先ほどの第四次地制調の「地方」庁案では、公選の議員による議会をおいて、その議会の推薦に基づいて内閣総理大臣が指名するということでしたね。これは、折衷案ですね。地域の声も聞いて決めますということです。ただ、制度設計としては非常に難しいと思いますね。と申しますのは、それぞれの道州の議会が考えた、この人がよいということと、内閣総理大臣つまり時の中央政府の政権側が考える人とが違うというケースの場合はどうするのか、といった議論もしていかなければならないのですね。

ここで私が特に話をしたいのは、公選議員による議会を設置するということ、これは議論の余地なく当然でしょうという気がいたしますけれども、このスライドにも書いておりますように、仮に国の総合出先機関としての道州を作った場合に、それを地域の人たちは、何らコントロールしなくて良いのかということです。結論から申し上げますと、仮に国の総合的出先機関としての道州を作ったとしても、この道州の長は、その地域の人たちが完全に自分たちで選べるようにしなければならないということです。現行の都道府県知事のように住民の直接選挙で選ぶか、議会で選出するか、どちらにするかはともかく、その地域の人たちが民主的に選出できる制度にしておかないと、何のための道州制なのかがわからなくなるということです。

地方支分部局の統合と内閣法

やや突飛にお感じになるかもしれませんが、このスライドの三番目のところに内閣法という法律を抜粋してみました。この部分は、二〇〇一年に施行されました中央省庁改革をどうするかという議論の中で、いろいろと攻防があった部分なのです。マスメディアもあまり取り上げませんでしたので、一般の方たちの間にはほとんど知られていないと言ってよいかもしれません。非常に微妙なというか、細かい議論ではあるのですが、実は重要な議論があったのです。このスライドでは、内閣法第三条の「各大臣は、別に法律の定めるところにより、主任の大臣として、行政事務を分担管理する。」というのと、内閣法第六条「内閣総理大臣は、閣議にかけて決定した方針に基いて、行政各部を指揮監督する。」というところを引用しておきました。特に、この第六条ですね。「閣議にかけて決定した方針に基いて」という文言が入っております。これは、戦後すぐの内閣法改正からあったわけですが、この部分を削除せよというのが、いわゆる改革派の議論です。この議論も行政改革会議などでもあったのですが、残ってしまいました。第三条にも「主任の大臣として、行政事務を分担管理する」というのが残ったのです。この二つの条文が、まさに中央省庁のセクショナリズムの根拠になっている条文ですね。ちょっと変な言い方ですが、そういう条文です。

菅直人さんとか松下圭一先生がすでにいろいろご指摘ですので、皆さんもご承知かと思います。中学校や高校の政治経済の授業では、大日本帝国憲法と日本国憲法の違いは何かというときに、内閣総理大臣が、戦前の憲法では単独で天皇を補弼するので、内閣の統一性が失われたり、陸軍大臣や海軍大臣など軍部の大臣たちが自分たちの利害に反するような閣議の議論に反対して、時に閣議不一致で内閣を崩壊に導いたりし、結局軍事国家に道を開いた。そのことへの反省に基づき、日本国憲法では、内閣総理大臣を戦前の同輩中の主席という位置から格上げして、内閣の主宰者であると、宰相であるとしたのだ、閣僚の任免権も内閣総理大臣に全面的に与えられているといったようなことを教わります。でも、内閣法では、「閣議にかけて決定した方針」に基づかないと行政各部を指揮監督できないのですね。そして、閣議は全会一致という了解があるので、誰か一人の大臣が反対するとその議案は閣議で決定されないということになるのです。現在でも時々、野党は、ある大臣の発言を捉えて、「閣内不一致ではないか」と総理大臣を責め立てることがあります。つまり、野党も内閣は全員一致でなければならない、そうするのが総理大臣のつとめだと考えているわけです。「つとめだ」というのなら良いのですが、そうならなかったときは総理大臣の責任だと、特に、任命した責任はどうしたというように責め立てるわけです。これは、官僚たちの思うつぼですね。非難されたくない総理大臣は、どの大臣も反対しないようなことしか閣議に出さないという選択をすることになるわけです。もっとも、ご承知の通り、閣議にかかる案件というのは、前日の「事務次官等会議」で了承された件だけですから、各府省の官僚のトップたちが、まあ閣議にかけても良いでしょうと誰も反対しなかったことだけが閣議の議題になるわけですが。この根拠となっているのが、「閣議にかけて決定した方針に基いて」という条文なのです。これは、憲法違反ではないか、違憲の法律ではないかといったような議論は今日はいたしませんが。

結局、現行法ですと、このようになっています。したがって、仮に国の総合的出先機関ができたとしても、それぞれの職員は、各府省の大臣の指揮監督の下に置かれる、その下で活動するということになってしまうのですね。この条文を変えない限りそういうことになってしまいます。それでは、いったい何のために国の総合的出先機関というのにまとめるのかということになりますね。仮に、私自身は余り望ましい方向ではないと思っておりますが、仮に国の総合的出先機関としての道州を作るとしても、そういった議論が必要なのではないかと思っております。

道庁の提案

やや先走って申し上げますと、道庁が考えております、あるいは、高橋知事が考えております道州制特区というのは、まず国の地方支分部局をまとめなさいと言っているわけです。つまり、まずはよく言われる官治型の道州制の一部の内容をまず作ってくださいと言っているんですね。そういうつもりはないのでしょうけれでも、私にはそう見えます。そうなると、国の地方支分部局をまとめたは良いけれど、いったい誰がそのトップにつくのかという問題が生じてくるはずですね。開発局長がつくんでしょうかね。経済産業局長なんでしょうかね。国の場合は、厚生省出身の方が、官僚トップとも言える官房副長官になるケースが多いので、厚生局長なのでしょうかね。ということになるのですね。そういった問題がありますから、国の総合出先機関としての道州を作るとして、それをどんな組織にしていくのかという問題は、必ずしも荒唐無稽な話ではなくて、ある程度考えておく必要があるのではないかと思うわけです。

自治体としての道州と北海道

次に自治体としての道州です。これも、都道府県を置くのか、置かないのかという議論があります。これまでも、それぞれいろいろな提案がございます。先ほどの関経連提案の選択肢の中にも入っておりましたね。自治体としての道州を制度化するとなれば、一般的に言えば、行政の効率性から考えますと、都道府県はなくしてしまった方が良いと言うことになろうかと思います。これは、北海道にはほとんど関係ありません。

自治体としての道州

- 都道府県の存廃
- 国の地方支分部局との統合の有無
- 長の選任方式
- 道州議会の構成・選出方法
- 地域出先機関（支庁）の設置方式
- 市町村との関係

問題は、北海道にも関係してくることの方ですね。国の地方支分部局とどの程度統合していくかという問題です。自治体としての道州というのを、仮に都道府県合併とは違うものだと言うことにしますと、都府県合併と同じものであれば、それを別に「道州」という必要はないわけです。都府県合併なら、単に合併と言っておけばよいわけです。合併して現行の都府県が行っているのと同じ仕事を基本的には行うというわけですからね。単に地域が広がりました、そこに少し地域の拡大に応じた国からの権限移譲がありました、という程度で終わるわけです。敢えて「道州」制という必要はありません。

都府県合併とは異なる「道州」制ということを言うのであれば、その重要なメルクマールとなるのは、重要な基準となるのは、国の地方支分部局との統合があるかないかということになろうと思います。道州制というならば、国の地方支分部局とどうしても統合しなければならないということになります。それがどれくらいできるのかどうかということです。これは重要な問題です。

また、北海道の場合は元々広いのでいまさら何をという気がしますが、広い地域で知事を選ぶ、知事というか、道州のトップを選ぶことが、果たして民主主義のあり方として良いのかどうかといった議論は当然出てくると思います。たとえば、人口規模や面積が広くなるのだから、議院内閣制にしてはどうかといったような議論ですね。現行の北海道を考えれば、別にほかの地域でも首長制で問題はないでしょうと言えそうではありますね。

道州制と政治代表制度

これについて、若干補足しますと、人口規模、面積と首長制、議院内閣制といった代表制とは関係がないと言ってよいでしょう。アメリカ合衆国の国、つまり連邦政府は大統領制で、また、州政府の権限はかなり大きいと言えますが、やはり首長制をとっています。一方、イギリスは議院内閣制で、自治体も大体が議院内閣制に近いシステムをとっています。単純に言えば、人口規模も面積規模も大きいアメリカは大統領制、つまり首長制で、小さいイギリスは議院内閣制です。そしてどちらも民主制国家であるというのは一応前提になっていますから、この例だけから言えば、政府規模が大きければ首長制がよくて、小さければ議院内閣制がよいという結論も導き出せるわけです。

首長制か議院内閣制か、どのような政府構造がよいのかは、政府がおかれている地域の規模とは関係しないと考えた方がよいと思います。それぞれ利点、欠点があるわけで、それをどのように運用していくのかという問題だと思います。日本の議院内閣制にしても、うまく運用されているとは言えないといった議論はあるわけです。本来の議院内閣制であるイギリスの制度とはかけ離れているといった議論が、たとえば山口二郎さんなどから出されているわけです。

では、アメリカとイギリスで何が大きく違うかと言えば、むしろ国民や住民の統合についての意識だと言えるのではないでしょうか。アメリカは移民国家として作られてきましたから、国家として国民を統合するには何か大きな象徴が必要です。一方、イギリスは、いまはともかく、比較的古くから国家統一がありましたから、敢えて何か象徴を掲げて国民を統合するといった必要性はあまりなかったと言えます。したがって、王権も比較的簡単に「君臨すれども統治せず」などと言えたのではないでしょうか。

つまり、意識も文化もばらばらな地域の住民や国民を何らかのかたちで統合する必要がある場合は、統合の象徴として大統領のような形態が求められるし、一方、国のなかや地域が、意識的、文化的に統合されていて、利益の共通性があるときは議院内閣制をとっても国や地域が崩壊することはない。そうした違いだと言えそうです。議院内閣制の場合は、大臣がそれぞれの所管省庁なり、自分の支持勢力の利益を代弁して閣内が統一されないような制度設計になってしまう可能性もありますから、そうなっても地域は崩壊しないという見込みがあるか、あるいは、崩壊しそうになると別の政治的統合の象徴が控えていてそれを抑えられるという場合でなければ採用するのが難しいかもしれません。実態面から言えば、青森県以南の道州制の場合、これまで百年も固定されていた地域が合体せざるを得ないでしょうから、地域的統合の象徴が必要になるように思います。したがって、議院内閣制の採用は難しいのではないでしょうか。いずれにしても、代表制の問題は直接道州制の問題とはつながらないないと思いますし、それぞれの地域がどのような代表制を採用するかだと思います。

ですから、やや大胆に言えば、仮に、全国的に地方自治体としての道州制を一斉に導入するとしても、その政治的仕組みは、それぞれの地域で考えてください、代表制度は、首長制といった二元代表制でも議院内閣制でもかまいませんということにして良いと思いますね。ただ、これは、すぐにお気づきのように、憲法問題が絡んできます。道州を、現行憲法に規定している「普通地方公共団体」だとしようとすると、第九三条第二項で長、議員、法律で定めるその他の吏員は住民の直接選挙で選出しなければならないことになっていますから、議院内閣制は採用できないことになります。まあ、憲法を改正するか、何か抜け道、たとえば、特別地方公共団体にするとかですね、そういったことを考えればよい問題だといえばそれで良いのですが。

支庁改革と道州制

いずれにしても、青森以南の府県の統合による道州制で問題となることが、北海道への議論にも波及してくることが考えられます。あるいは、北海道の方が、先手を打ってですね、こうだと主張できるかどうか、そのあたりが問題となってくるかと思います。

そういったものの一つに、道州の方の出先機関の問題があります。いわゆる支庁問題です。これをどのようにするのかも相当きちんとした議論をしなければならないでしょう。神原先生がよくおっしゃるように、道州制の問題というのは、結局、支庁改革、市町村の再編、合併の問題、市町村の規模の問題ですね、そういったものと密接に関連しているので、いわば「三位一体」の改革の一つである、北海道の三位一体改革ですね、そうした一連の改革の中に位置づけなければならないというのは、当然の指摘だと思います。したがって、道州制の問題は、決して道庁だけの問題、あるいは、開発局とか国の支分部局との問題というだけではないということですね。市町村との関係、支庁改革との関係を考えなければならないということです。それをどのように考えて制度設計をしていくのかというのが、次の大きな問題となるわけです。

4　都道府県の機能

戦後改革の都道府県

そこで、それでは、現行の都道府県の機能というのはどういうものなのかということを少し振り返ってみたいと思います。都道府県は、われわれが小中学校、高校で習ったときは、戦後憲法が改正され、地方自治法ができて、都道府県知事が公選になり「完全自治体」化されたと言っていたはずなんです。ところが、最近では、二〇〇〇年の地方分権改革によって、ようやく都道府県は完全自治体化した、というように多くの学者が書いておられます。これは、機関委任事務がなくなったということですね。戦後改革でも、それまで市町村にあった機関委任事務を都道府県

現行の都道府県機能

- 2000年分権改革による完全自治体化
  - □ 機関委任事務の廃止
- 広域にわたるもの（広域的事務）
  - □ 都道府県の固有の事務
- 市町村に関する連絡調整に関するもの
  - □ 国からの干渉から市町村を守る市町村支援機能
- 規模または性質において一般の市町村が処理することが適当でないと認められるもの
  - □ 市町村の補完機能、市町村規模拡大により縮小

にも導入して、事実上、九〇年代の分権改革の議論の中で言われましたように、都道府県の事務の七、八割が機関委任事務、すなわち、知事が国の大臣の部下として行う仕事であったというわけです。これについては、議会もほとんど関与できない。一〇〇人以上いる道議会議員が実は、道庁の仕事の二、三割のことしか議論できないというのでは、何でそんなに議員が必要なんだということになりそうですが。それはともかく、機関委任事務が廃止されて、自治事務が六割とか七割になったというわけです。法定受託事務だって、自治体の事務となったわけですね。知事は独立して判断できるし、それに対して議会もきちんと議論ができるということになったわけですね。道議会議員さんがどれくらいわかってらっしゃるか存じませんが。したがって、要するに「完全自治体」化されたというわけですね。

地方自治法上の都道府県の機能

それによりまして、地方自治法も変わりまして、このスライドに書いた三つ、すなわち、一つめは、広域にわたるもの、いわゆる広域的事務というものですね。これは、元々あったもので都道府県の固有の事務といって良かろうと思います。二つめは、市町村に関する連絡調整に関するものです。これは、中央大学の礒崎さんによれば、単なる市町村の連絡調整であれば、当たり前すぎてわざわざ法律に書く必要はない、だからこれは、国の干渉から市町村を守るという支援機能の一つなのだという議論をしておられますね。三番目は、規模または性質において一般の市町村が処理することが適当でないと認められるもの、いわゆる補完機能というものですね。ただこれは、市町村の規模が拡大して、権限移譲ができるようになれば、補完する必要がなくなってきますので当然縮小する機能であるということもできます。

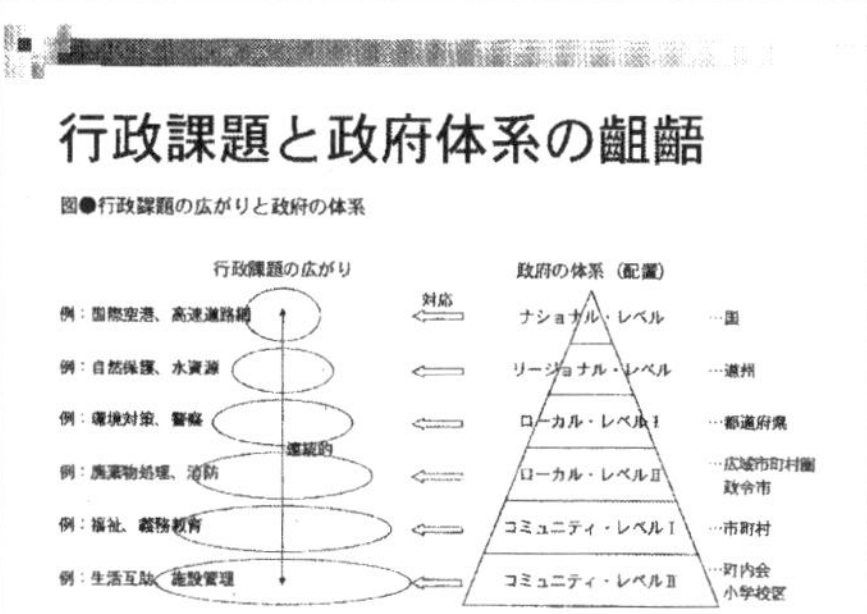

出典：礒崎初仁「都道府県の機能と広域行政」（『月刊自治研』2004年6月号）32頁

　この三つの機能が、現行の地方自治法上都道府県の機能とされているものです。このスライドの図は、礒崎さんの『月刊自治研』の〇四年六月号から借りてきたものですが、つまり、実際の行政課題というのは必ずしもくっきりと分かれているわけではなくて連続的に積み重なっていて、ごく身近な生活に関係すること、やや広範な区域での生活に関係すること、といった具合に、このように段階的になっているというわけです。しかも、これは、輪がくっついた方がよいと思うのですけれども、連続的になっているのだというわけです。それに対して、これにあわせて政府の体系を作っていくとすると、ここに示されているように、六段階くらいのレベルの政府になってしかるべきだろうというのですね。いわゆるコミュニティレベル、もっとも住民に身近なところでは、町内会レベルとか小学校区とか今回の自治法改正で設けられたような地域自治区といったようなものですね。それから市町村で、さらにもう少し広域の市町村圏、政令市などはそれに当てはまるだろうというわけです。そして、都道府県があって、リージョナルレベルの道州があって、国があると、このようになるというわけです。ところが、現行の日本の政府体系は、国があって都道府県があって市町村がある。つまり、間がない、あるいは、住民に身近な部分がないとも言えます。これは今度の地方自治法改正で地域自治区を作ることができますよということになったわけです。そうしても、相変わらず道州部分が抜けていることになります。このような齟齬、ズレがいろいろな政府体系を作る際の問題になってくるのではないかというわけです。これは、非常におもしろい議論だと思います。

これによれば、道州ができても、都道府県は都道府県なりに役割がありますよということになりますね。また、都道府県があっても、政令市というのはやはり役割がありますよということになりますね。これは、果たしてそうなのかいろいろ議論のあるところだろうと思います。

全国知事会の都道府県機能のメルクマール

一方、都道府県について、全国知事会が分権改革後すぐに研究会を作って、『地方分権下の都道府県の役割』（二〇〇一年）という報告書を出しております。この中で、都道府県事務のメルクマール、都道府県がその事務を行うかどうかは、このような基準で考えてはどうかという指針ですね、これを出しています。先ほどの、地方自治法上の枠組みはありますが、これは抽象的ですので、もう少し具体化しようということですね。

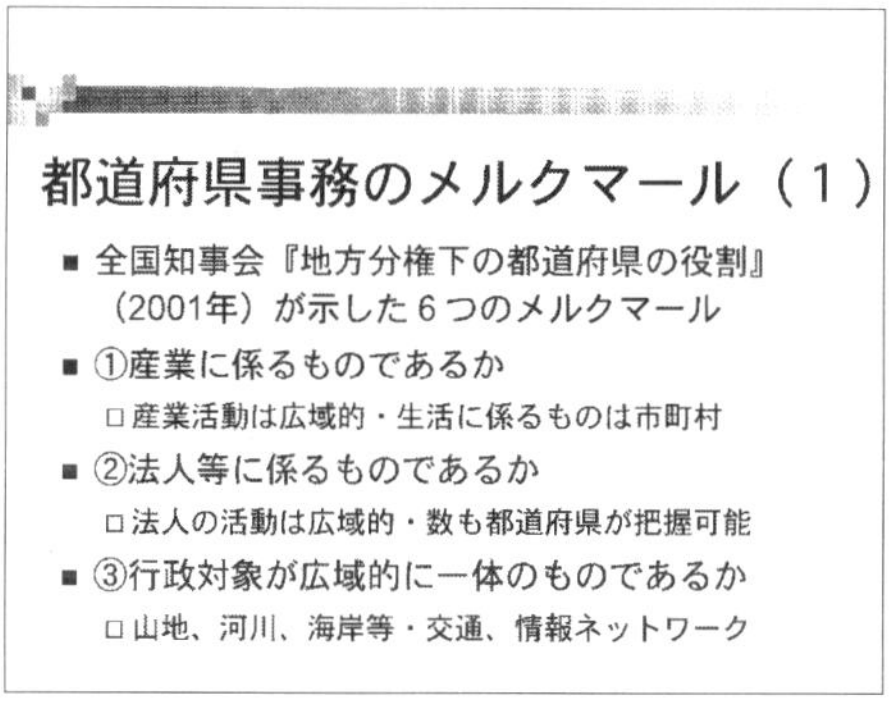
都道府県事務のメルクマール（１）
■ 全国知事会『地方分権下の都道府県の役割』（2001年）が示した６つのメルクマール
■ ①産業に係るものであるか
□ 産業活動は広域的・生活に係るものは市町村
■ ②法人等に係るものであるか
□ 法人の活動は広域的・数も都道府県が把握可能
■ ③行政対象が広域的に一体のものであるか
□ 山地、河川、海岸等・交通、情報ネットワーク

第一は、「産業に係るもの」かどうかだそうです。おもしろいのは、産業活動は広域的で、生活に係るものは狭域的なので市町村でよいというのですね。第二は、「法人等に係るもの」かどうか。法人の活動は広域的だから都道府県が扱う必要があるだろう、それに法人の数もそれほど多くないので、都道府県でも把握可能で

ある、しかし、個人に関わる問題は対象者数も膨大だし、それは都道府県では把握しきれないと書いています。第三に、「行政対象が広域的に一体のものであるか」です。山地、河川、海岸等・交通、情報ネットワークといったものは広域的に一体で見なければならないというわけです。四番目のメルクマールは、「行政需要・行政対象が広域的に散在しているものであるか」どうかということです。行政対象というのは主として規制行政を念頭に置いているようですけれども、これが広く散らばっているものかどうかということですね。こうした場合には、需要と供給の関係の効率性や規制の均衡の面から市町村ではなく都道府県が扱うべきであろうということですね。五番目は、「相当高度の専門性を必要とするものであるか」ということです。相当高度な専門的知識や技術を要するものは、都道府県が行わざるを得ないだろうということですね。試験研究などがこの範疇に入るでしょう。六番目は、「市町村を包括する団体という性格に係るものであるか」ということだそうです。これは、微妙な言い方ですね。戦後の都道府県と市町村の関係というのは、市町村を包括する団体が都道府県であるという考え方で設計されているようでありまして、後で何が問

都道府県事務のメルクマール（２）

- ④行政需要・行政対象が広域的に散在しているものであるか
  - □ 需要と供給の関係の効率性・規制の均衡
- ⑤相当高度の専門性を必要とするものであるか
  - □ 高度の専門的知識や技術を要する試験研究
- ⑥市町村を包括する団体という性格に係るものであるか
  - □ 市町村間の連絡調整・国と市町村の連絡調整・市町村支援

題か申し上げますが、そういった包括性があれば、都道府県が担当する事務だというわけですね。先ほど触れました、市町村間の連絡調整だとか、国と市町村の連絡調整とか、これは先ほどの礒崎さんの話のように国から市町村を守るということにはどうもなっていないようですね。それと市町村支援ですね。こういったことをあげています。

市町村を包括する都道府県？

今「包括」と言いましたけれども、東洋大学の佐藤俊一先生の主張されておられることをご紹介いたします。戦後の都道府県は市町村を包括する地方公共団体とされて来たわけです。旧内務省、旧自治省、現在の総務省の制度設計の結果だと思われます。現行地方自治法の第二条第五項に「都道府県は、市町村を包括する広域の地方公共団体」と書かれており、第五条第二項には「都道府県は、市町村を包括する」と書かれています。これは、つまり市町村優先と言うことには必ずしもなっていなくて、普通地方公共団体を市町村と都道府県と二種類作ってしまったために、市町村を優先させると言うことになると都道府県というのはいったい何をするのかが明確にならないわけです。戦前は明確でありました。都道府県というのは、国の総合的出先機関であったわ

市町村の連合体としての府県

- 佐藤俊一東洋大学法学部教授
- 戦後都道府県は市町村を包括する複合的地方公共団体とされてきた
  - □ 府県条例の優位性の根拠
  - □ 戦前の内務省一府県モデル維持を企図
- 都道府県を市町村（基礎的自治体）をもって構成される＜連合的＞自治体とする方途があった
  - □ 府県を広域連合として特別地方公共団体化する
  - □ 大都市を解体分離独立してすべての＜基礎的＞自治体による＜連合的＞自治体として府県を組替え

けです。ところが、戦後それをとりあえず知事を直接公選とする自治体というかたちにしたわけですけれども、では市町村と何が違うかとなると必ずしも明確になってこなかったというわけです。これは、放送大学の天川晃先生もおっしゃっていることです。

この包括するんだから、市町村が府県の中に含まれているんだから、個別の市町村よりもそれを束ねた都道府県の方が優位に立つはずであるという考え方が出てくるわけです。府県の条例は市町村の条例よりも優位に立ってしかるべきだという考え方が出てくるわけですね。いわゆる補完性の原理の逆をいっているわけですね。そういうことの根拠に「市町村を包括する複合的地方公共団体」が都道府県であるということが使われたというわけです。シャウプ勧告が言う市町村優先の原則ではなく、できるだけ、戦前の内務省モデルを維持しようとしたわけです。総務省の方のお書きになったものを読むと、「市町村優先」の原則ではなくて、「市町村中心」の原則と書いておられます。それは、こうした戦後も維持された都道府県優位の原則を維持するためだと、佐藤俊一先生はおっしゃっているわけです。

戦後の都道府県の作り方としては、もう一つ別の方法があったのではないかと、佐藤俊一先生はおっしゃるわけです。これは、佐藤俊一先生だけではなく、特別市を主張されていた方などもおっしゃっていたようです。つまり、基礎自治体としての市町村がまさに「優先」としてあって、それらの連合として、いわば特別地方公共団体として都道府県を置くという制度設計もあったのではないかとおっしゃるわけです。これはなかなかおもしろい考え方だろうと思います。

大都市問題と都道府県

そうしますと、さきほど特別市について若干解説しましたけれども、大都市をどうするかという問題が出てくるわけです。大都市を府県並みの権限をもったようなものにしていきますと、府県が担当する地域は、大都市以外の地域となってしまいます。そこで、佐藤俊一先生は、大都市を解体した方がよいとおっしゃっています。要するに、たとえば札幌市で言いますと、せいぜい「区」、区でも大きすぎるかもしれませんが、それくらいの人口による地域に分ける。そして、北海道の中には政令指定都市はない、せいぜい人口三〇万人くらいの市はあるけれでも、それよりも大きな都市はないというかたちにしておいて、その連合自治体としての府県というものを作っていたらよかったのではないかという主張をなさっておられるわけです。

憲法の規程でそれは、だめなのではないか、とお考えになる方もいらっしゃるでしょう。それについてはいろいろ議論がありそうですね。憲法は、必ずしも二つの種類の地方公共団体を置かなければならないとは書いているわけではありません。市町村が自治体としての地方公共団体でなければならないけれども、都道府県は必ずしもそうではないのではないか、というのがおおかたの憲法解釈のようであります。そうでない解釈をなさる方もおりますけれども、二種類の地方自治体を置かなければならないとしているわけではないというのがおおかたの解釈です。だからこそ、官治型の道州制論というのが出てくるわけです。

それを逆手にとって、都道府県が完全自治体でなくても良いというのであれば、連合的自治体でも良いのではないか、というのが佐藤俊一先生の発想です。なかなかおもしろい解釈です。

連邦制と道州制

これは付け足しなのですけれども、連邦制と道州制とはどう違うのかという質問をよく受けます。連邦制の州というのは、単純に言ってしまえば、これは「国」なのです。アメリカは地方自治がすごく進んでいるかのように言われますが、もちろん実際進んでいるのですけれども、州が市町村を作るか作らないかについて絶対的な権限をもっています。「ディロンの法則」といいます。どの州もそのように考えています。その州が、自治憲章制度、ホームルールチャーター制度を認めますよとしているところは、そうした自治憲章に基づいて市町村を作ることができますが、そうでない州もあります。

それからドイツも、州は大きな力を持っているわけです。市町村制度は、州によってはいろいろ違うので多様性に富んでいるように見えますけれども、州の中はみな一緒、画一にしなければならないとなっているわけです。州を国だというように見れば、官治型の市町村制度になっているわけです。もっとも最近、九〇年代以降分権改革がなされて、これは旧東ドイツとの統合の影響もあるのですが、いわゆる南ドイツ型、市町村長を直接公選にするとか、直接民主制的な制度を取り入れるとか、日本の二元代表制に近いタイプですね、これを採用するところが増えているようです。

連邦制と都道府県とのちがい

- 連邦における「州」は「国」
- アメリカの州は市町村の存立に絶対的権限をもつとされる（ディロンの法則）
- ドイツでは市町村制度は州によって異なるが州内では統一　1990年代以降南ドイツ型の市町村長直接公選制を各州が採用
- 日本の都道府県は町村条例で法人格賦与
- 市町村の廃置分合は知事が議会議決を経て総務大臣に届け出

一方、日本は、都道府県の配置分合、境界の変更は法律事項になっています（地方自治法第六条）。市の要件については法律事項となっていますが、町（村）については、法律ではなく、都道府県条例で設立することになっています。ですから、日本の都道府県は町村を作れるわけです。それから、市町村の配置分合についても、都道府県知事が議会の議決を経て決定することになっています（地方自治法第七条）。市の配置分合については総務大臣との協議と同意が必要ではありますが。そんなわけですから、市町村の作り方という点から見ますと、アメリカやドイツに存外似ていると言ってよいでしょう。

5　北海道道州制特区の経緯

堀知事時代の道州制提案

さて、この辺で、話を北海道の道州制特区の方に移して行きましょう。ここまで、道州制についての様々な議論、それから、そもそも都道府県というのは何であるかについてのいくつかの議論を紹介しました。そういう視点から、現在道庁が提案しようとしている（二〇〇四年八月提案）案がどういうものであるのかということを、若干紹介しようと思います。この提案内容については、現在、パブリック・コメントとは言っていなかったのですが、今度の月曜日（二〇〇四年七月二六日）までに意見のある道民は書いて出してくださいというのがございましたから、ご意見

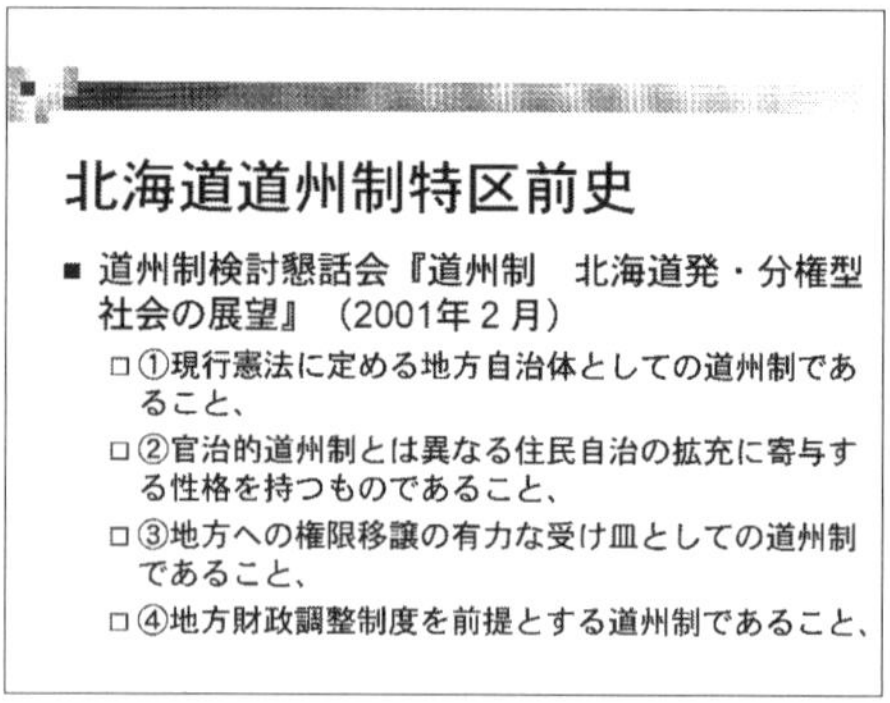
北海道道州制特区前史
■ 道州制検討懇話会『道州制　北海道発・分権型社会の展望』（2001年２月）
□ ①現行憲法に定める地方自治体としての道州制であること、
□ ②官治的道州制とは異なる住民自治の拡充に寄与する性格を持つものであること、
□ ③地方への権限移譲の有力な受け皿としての道州制であること、
□ ④地方財政調整制度を前提とする道州制であること、

のある方は道庁のホームページをご覧いただいて意見を提出していただければと思います。

まず最初に、どんな経緯であったのかも少し振り返ってみたいと思います。北海道道州制特区は、昨年（二〇〇三年）八月に武部勤衆議院議員が衆議院議員総選挙に向けた自民党の公約作りの一貫として小泉純一郎首相にささやいて、というか提案して、それが小泉首相にも気に入られて、にわかに現実味を帯びてきたものだと言うことができます。その前はどうであったかと申しますと、三、四年前に北海学園大学の横山純一先生が座長になられて「道州制検討懇話会」というのが道庁に設置されました。この段階では、道州制は中長期の課題だということになっていました。まあ、先の話と言うことで検討したものです。最終的には、二〇〇一年二月に『道州制　北海道発・分権型社会の展望』という答申を、当時の堀達也知事に提出しました。

そのいくつかのポイントをスライドに書いておきました。この答申では、目指すべき道州制は、①現行憲法に定める地方自治体としての道州制であること、②官治的道州制とは異なる住民自治の拡充に寄与する性格を持つものであること、③地方への権限移譲の有力な受け皿としての道州制であること、④地方財政調整制度を前提とする道州制であること、といった提言をおこなったわけです。特に、地方財政調整制度について、地方財政が専門の横山さんが委員長であったということとも関連しますが、財政問題をきちんとした上での道州制ということを掲げたところに特徴があると思います。この提言に基づいて、国などに提案しようかとしている時期に、いきなり、道州制特区の話が浮上してきたわけです。

道州制特区議論の展開

そこで、二〇〇三年一〇月に、今度は、「道州制推進会議」というものが道庁に設置されました。これは、北海道大学大学院の宮脇淳先生が座長となったものです。この四月まで、月一回程度開催されていました。

さらには、新聞報道などでご承知かと思いますが、昨年（二〇〇三年）の一一月一九日に開催された経済財政諮問会議に高橋はるみ知事が呼ばれて、道州制問題はどうなっているのだということを説明させられたわけです。その際に、小泉首相は、「自分が経済産業省の出身だからといっ

道州制特区の経緯

- 2003年８月小泉首相道州制特区推進発言
- 10月から道州制推進会議（宮脇淳教授座長）を４月まで月１回
- 03年12月経済財政諮問会議で高橋知事を叱咤激励
- 04年３月末までは構造改革特区・地域再生計画と類似
- ４月地方支分部局の機能統合、上書き権提案

て北海道経産局を残すなんて考えるのはもってのほかだ。まずは経産局をなくすぐらいの勢いでやってもらいたい」と高橋知事に発破をかけるわけですね。高橋知事を叱責ではないでしょうね、叱咤激励しているところがですね、これは経済財政諮問会議の議事録に残っているんですね。情報公開が進むというのは良いことですね。

まあ、これをめぐって、北海道から衆議院議員になっている中川昭一経済産業大臣が、あれは小泉首相のジョークのようなものだと発言して、高橋知事が、議事録にも残る首相の発言をジョークといわれてはたまらない、重たい発言だと反論する場面もありましたね。

経済財政諮問会議で、知事がそのように言われつつも、今年（二〇〇四年）三月くらいまでの「道州制推進会議」の議事録を見ていきますと、二月までは、いわゆる構造改革特区とか地域再生計画などでもあげられるような、そういった形で申請して良いような、項目が並んでいました。細かいところは、スライドの方をご覧いただきたいのですが。そこで、おおかたの人が、どこが道州制特区なんだという感じがしていたかと思います。

ところが、三月にどうも、いろいろな新聞報道などをかき集めてみてみますと、内閣府と道庁、国土交通省の北海道局、宮脇先生などで、いろいろな調整がなされたようでありますね。そこで、急遽、三月二六日の第六回「道州制推進会議」で宮脇委員長の私案というのが出されました。地方支分部局との機能統合だとか、条例による政省令の上書き権だとか、それまでに公式には全く議論された形跡のない事項が出てきたわけです。そして、次の四月五日の第七回会議では、それらが簡単に決まってしまうということがあったわけです。このあたりの少し詳しい経緯については、今日お手元にコピーを配布しました、私の書いた『月刊自治研』六月号の「北海道道州制特区構想の行方―道州制北海道モデルは実現するか」をご覧いただければと思います。

6　北海道道州制特区提案

提案の概略

それでは、道庁が北海道道州制特区としてどのようなことを提案しようとしているかということを見てみたいと思います。スライドに示しましたのは、道庁の提案しているものそのものです。内容は、民間に対する規制緩和や市町村が総合行政主体として活動するとか、道州は広域的な自治体としましょう、国の権限は国として本来果たすべき役割に限定すべきだ、といったようなことです。取り立てて、分権改革などの議論の中で言われてきたことと異なるところはないと言ってよいでしょう。

一方、道州制への移行のイメージも、国はできるだけスリムにしていって、道州に権限を移し、現行都道府県は、仕事を民間や市町村になるべく移していきましょう、というわけですね。この辺は問題ないと思います。

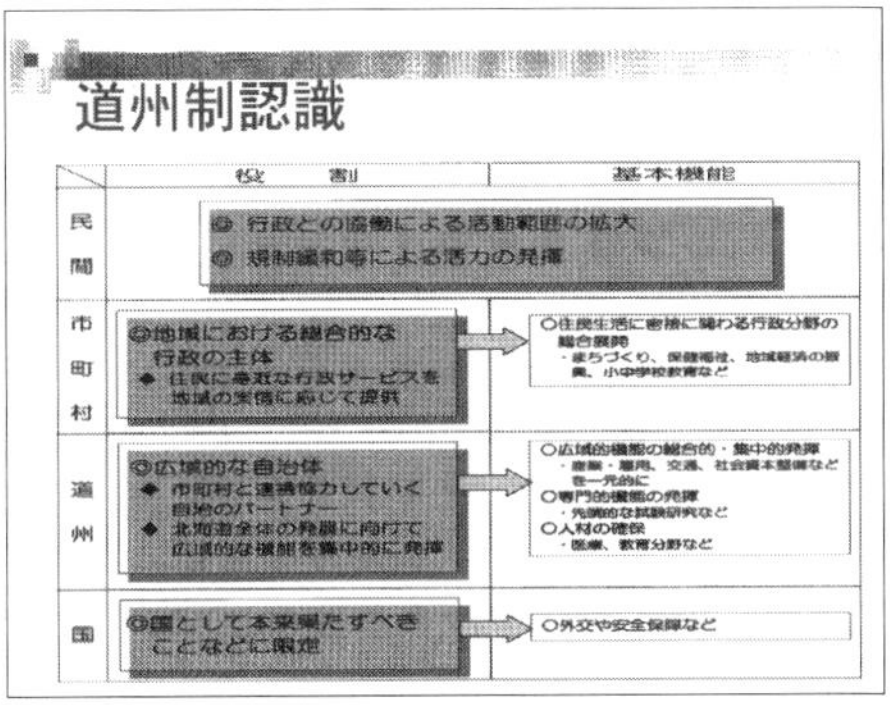

最初の四年間では、具体的なテーマに沿って、事業を推進していく、それからモデル事業を、これは、今年度予算で開発局に配分された、例の一〇〇億円のことだと思いますけれども、これを粛々と実行していきましょうというわけです。これが、第一段階ですね。

第二段階は、これらをさらに拡大していって、最終的には、道州制を本格的に導入していきましょうという案になっています。全国のさきがけになる道州制を北海道で実現していきましょう、というわけです。

当然大幅な規制緩和とか、国の権限を大幅に道州に移行するだとか、国の地方支分部局と統合していく、財源も一般財源化していく、そういったものにしていきましょうということですね。

次のスライドに引用しましたのは、これらは先行実施の視点ということになっています。住民

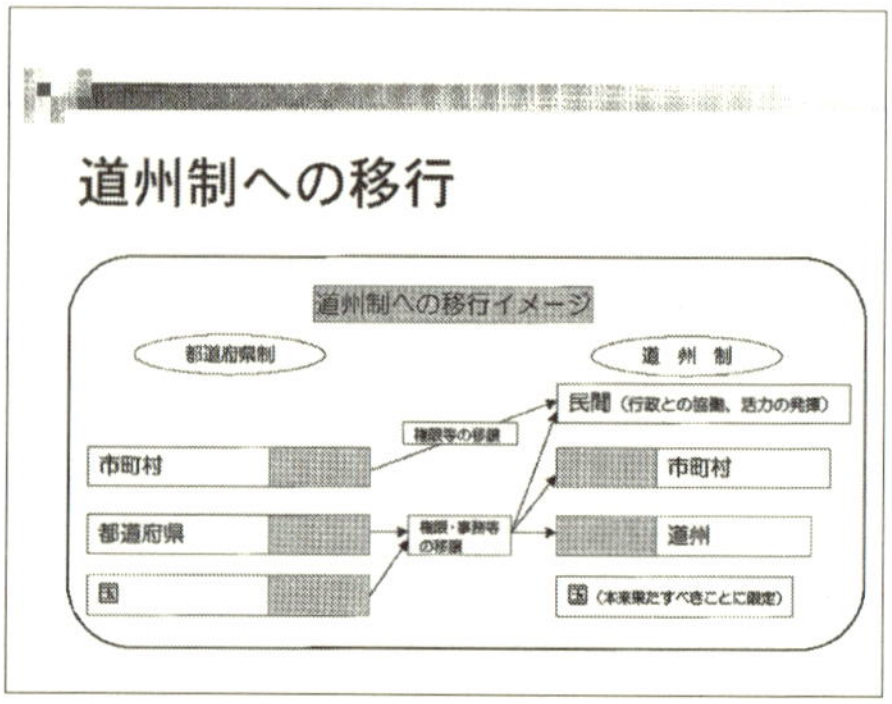

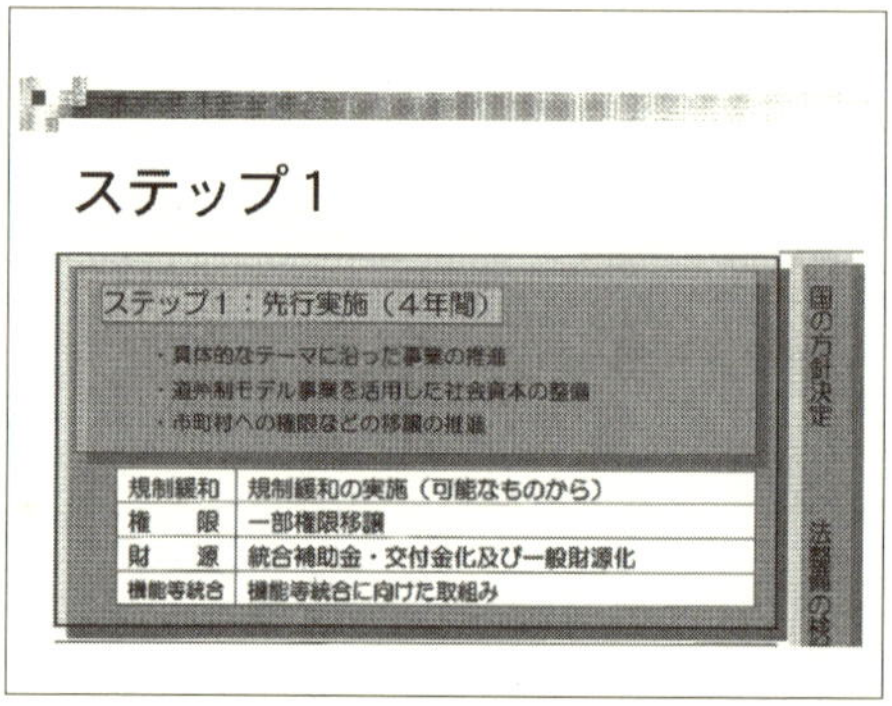

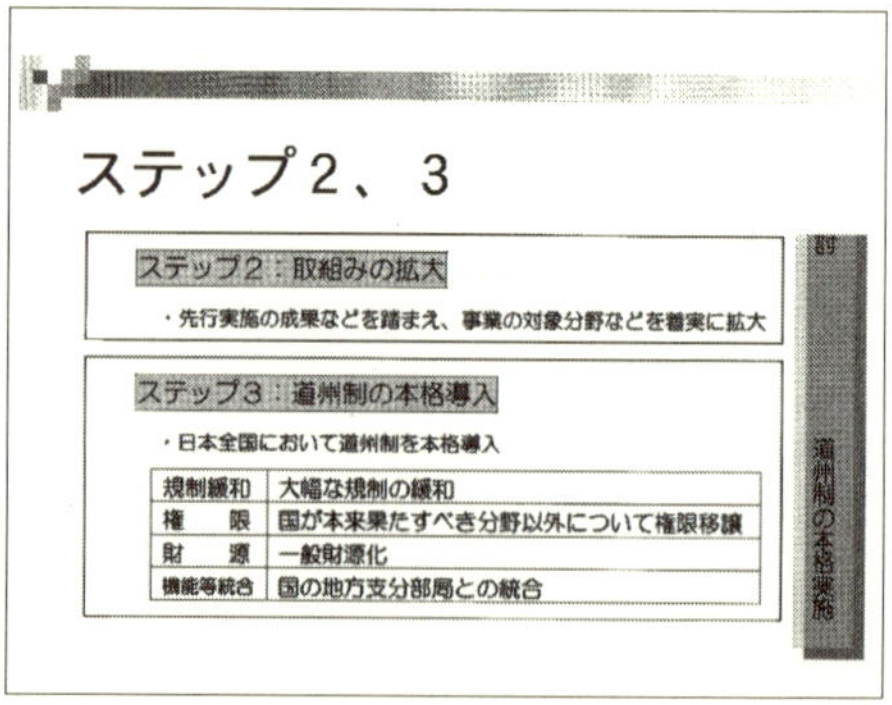

の視点に立ってサービスを向上させます。地域主権を推進し行政の効率化を進めます。民間の活力を活用します。というわけですね。そして、北海道の特性を踏まえて、住民サービスを充実していきます。北海道経済も活性化していきます。お題目がたくさん並んでいるように見えますが、行財政改革もしていきますよと。三位一体改革や規制緩和を進めていきますというようなことが並んでいます。

次のスライドにいきますと、先行実施の基本方向が示されていますね。この中では、国の地方

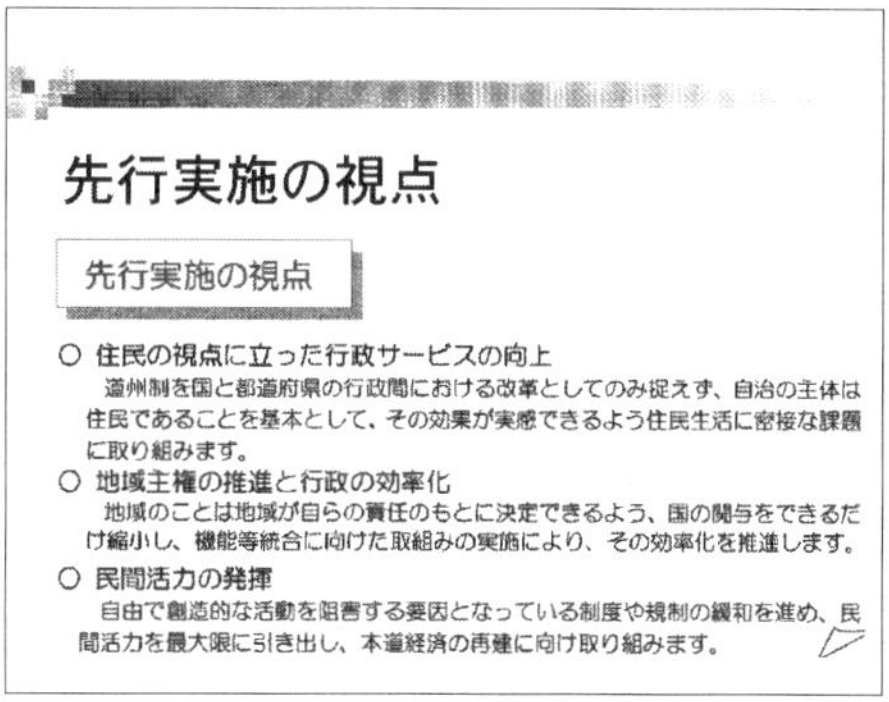

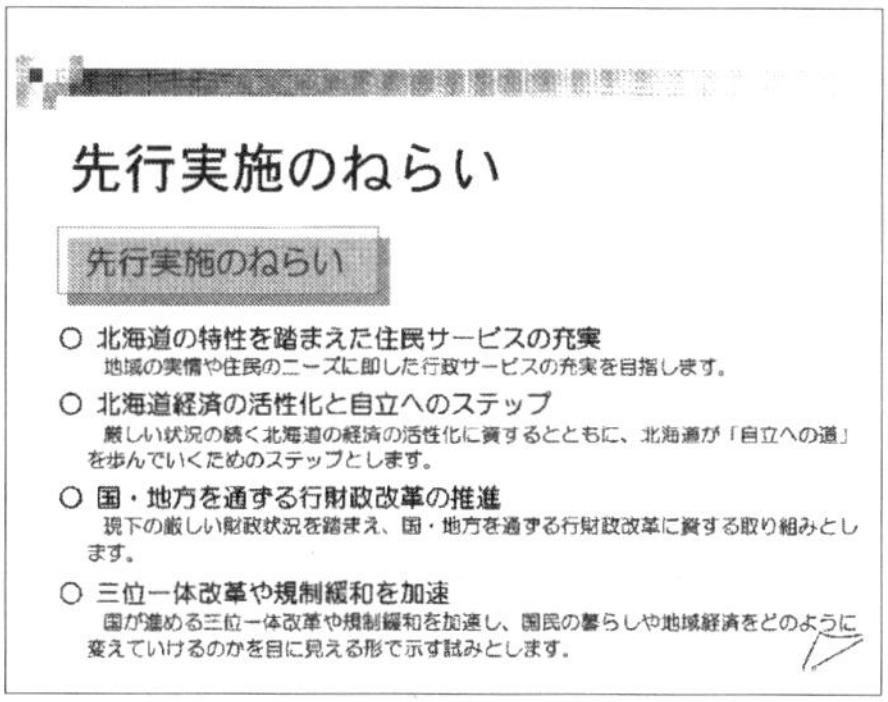

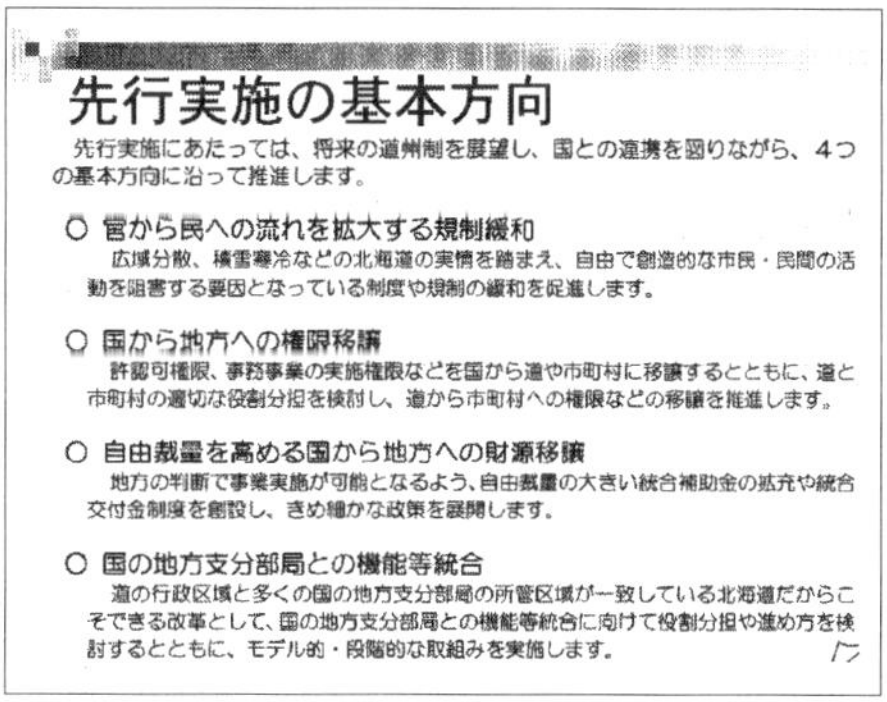

支分部局との機能等統合とありますね。これは、非常に微妙な言いまわしですね。これが発表された四月のはじめ頃の多くの新聞では、「機能統合」というのを役所の統合、組織統合と読み替えてというか、読み過ぎたと言った方がよいでしょうか、そういうようには道庁の文書には書いていないのですが、多くの新聞は組織統合まで含めて考えたようです。日本経済新聞だけ、「組織の統合まで踏み込んでいない不十分なものだ」というコメントをしていまして、これの方が正しいと思いますね。それ以外の新聞は、開発局と経産局を統合するといったような書き方になってい

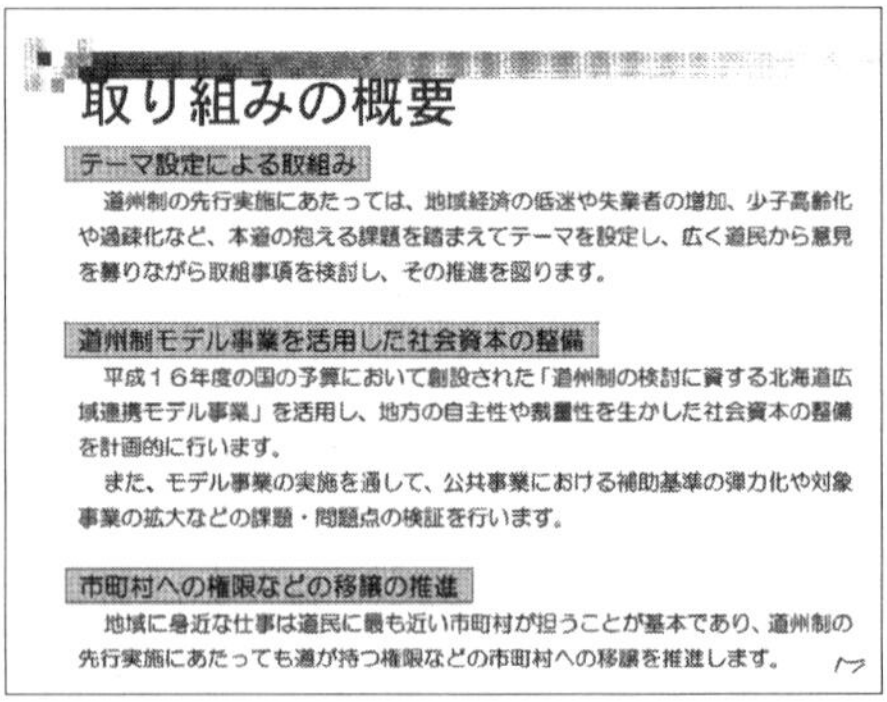

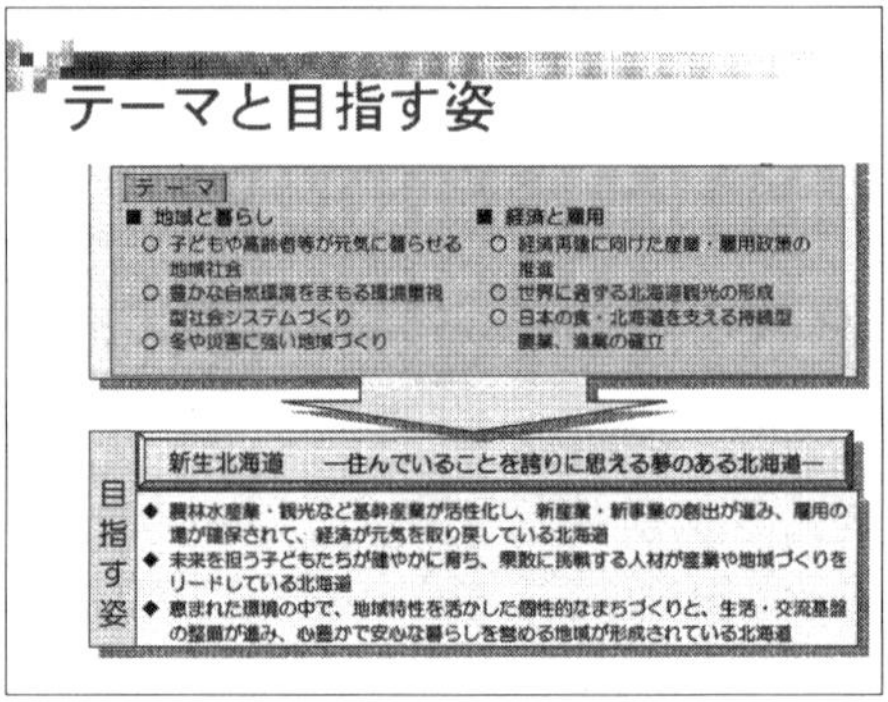

ましたね。

次のスライド以降も道庁の提案内容を示しているのですが、このあたりは、機能等統合だとかそういったこととは関係しない、もともとの、いわゆる構造改革特区とか地域再生計画と同じような話と言ってよいでしょう。そうしたことを実現していきながら、よく聞く、「住んでいることを誇りに思える夢のある北海道」というようなスローガンを実現しようというわけです。

条例による政省令上書き権と出先機関の統合問題

第一回目の提案では、「北海道から発信する新しいこの国のかたち」といったことが掲げられて

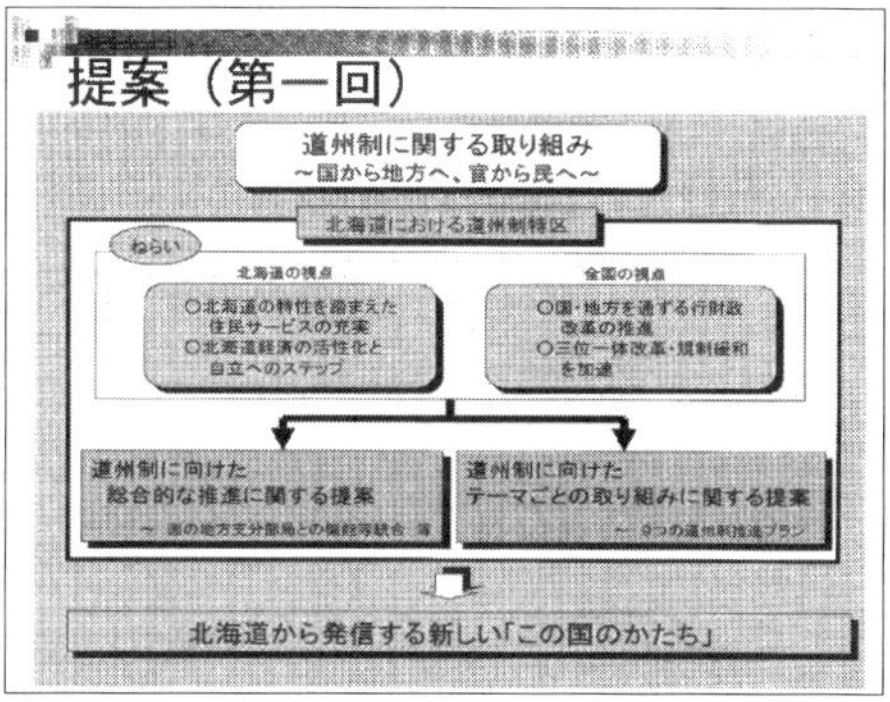

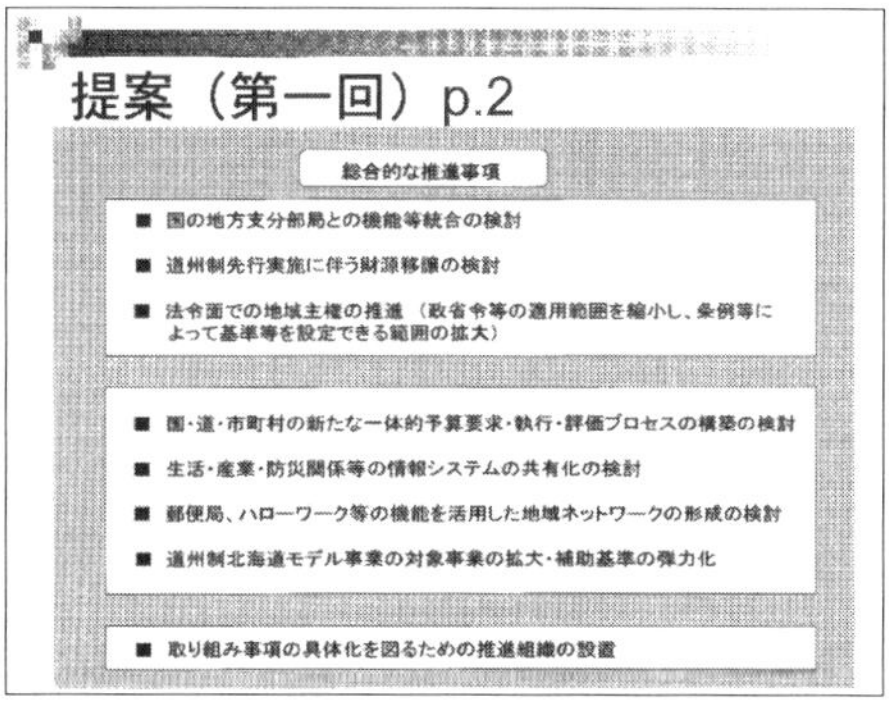

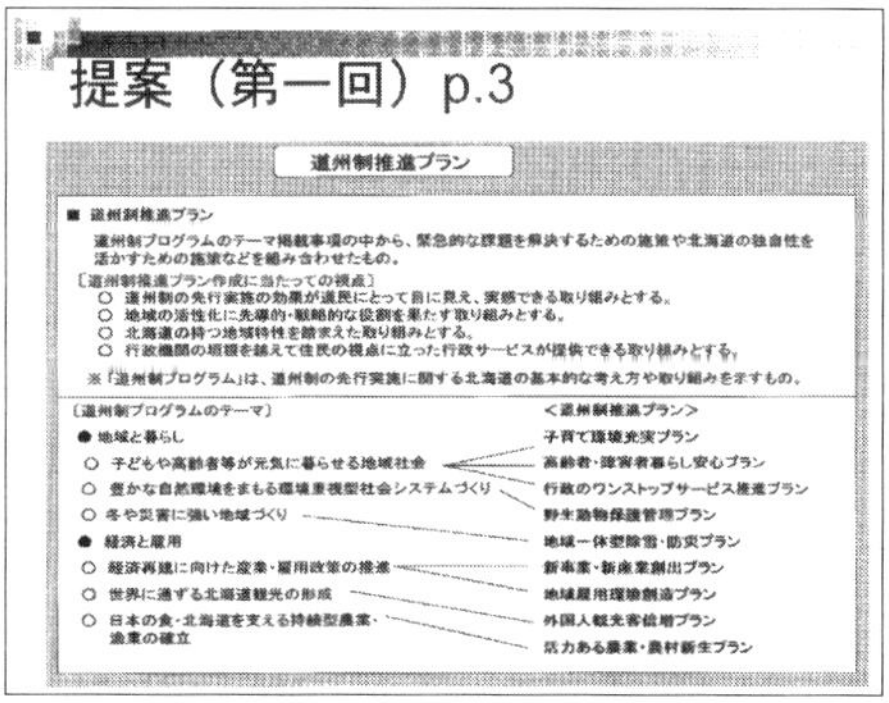

いますね。このスライドに示されている機能等統合や財源移譲の検討、法令面での地域主権の推進といったような事項は、新しく四月頃に出てきたものですね。最後の点は、少し微妙な言い回しになっていますね。最初は、先ほど触れましたように、政省令の条例による上書き権となっていましたが、ここでは、「政省令等の適用範囲を縮小し、条例等によって基準等を設定できる範囲の拡大」といった具合に、だいぶ後退しています。

次のスライドは、道州制プログラムのテーマが記載されております。このスライドでは小さな

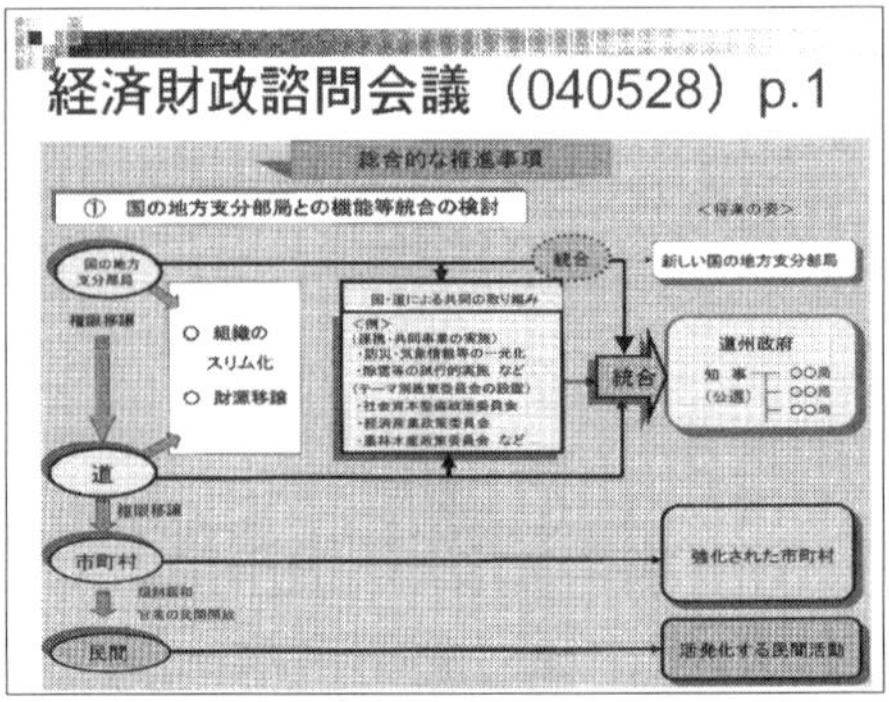

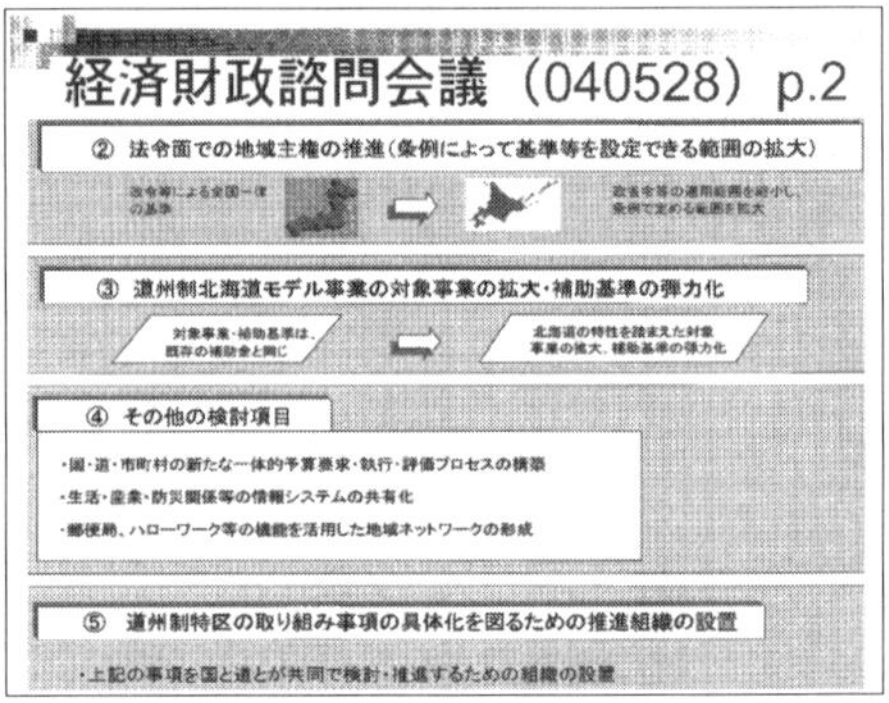

字になっていますが、もう少し後のスライドで大きく書いたものを提示します。

このスライドに示されていますように、先ほども少し申し上げましたけれども、北海道庁が考えているのは国の地方支分部局もスリム化するということのようです。その上で、国の地方支分部局も統合しなさいというのですね。道庁もスリム化していきますので、最終的には、統合した国の地方支分部局と道庁が統合しますということなんですね。この最終的に統合したものが自治体なのかどうかというのは必ずしも明確に出ていないんですね。よくわからないのです。ここが、つまり国の地方支分部局の統合というのが果たして可能なのかどうか。これは言うまでもなく、国の話ですから、道庁がとやかく言うのは、役人的発想から見れば「いかがなものか」ということになると思うんですね。

一方、小泉丸投げ内閣はですね、国の府省の地方支分部局統合なんて、われわれはできるわけないだろう、道庁が提案してこいと、まさに「丸投げ」しているように見えるわけです。道庁は道庁で、国の機関の統合なんて申し上げるのはおそれおおいと、引いている状態のように見えますね。

さきほどの条例の上書き権というのも、このスライドに引用しました道庁の文書にあるこの図はどんなことを表しているかよくわかりませんが、条例によって基準等を設定できる範囲の拡大という具合に後退しているわけですね。政省令をなんでも上書きできるということからは、後退しているわけです。

このスライドは、さきほどの道州制推進プランの小さな字のところを少し大きく示したものです。子育て環境充実プランとか、並んでいます。これは、ご覧になればわかりますように、構造改革特区とか地域再生計画でほかの自治体などが出していそうな提案ですね。やや厳しく言えば、どこが道州制なのかわからないといってもよい提案ですね。こういったところが、道庁の提案になっております。

7　北海道の自治と道州制問題

何を考えるか

それでは、残りの時間では、北海道庁の提案を私になりに解釈した上で、北海道の自治を考える視点の中で、北海道の道州制の問題を考えてみたいと思います。

このスライドにあげておりますような項目をお話しいたしたいと思います。最初は、補完性の原理を少し検討してみたいと思います。最近流行のように使われますが、本当にその原理で大丈夫なのだろうかということを申し上げたいと思います。その後は、ややおおざっぱな話になってしまうので申し訳ないのですが、北海道は、独立した島と言ってしまうと、利尻島も礼文島も奥

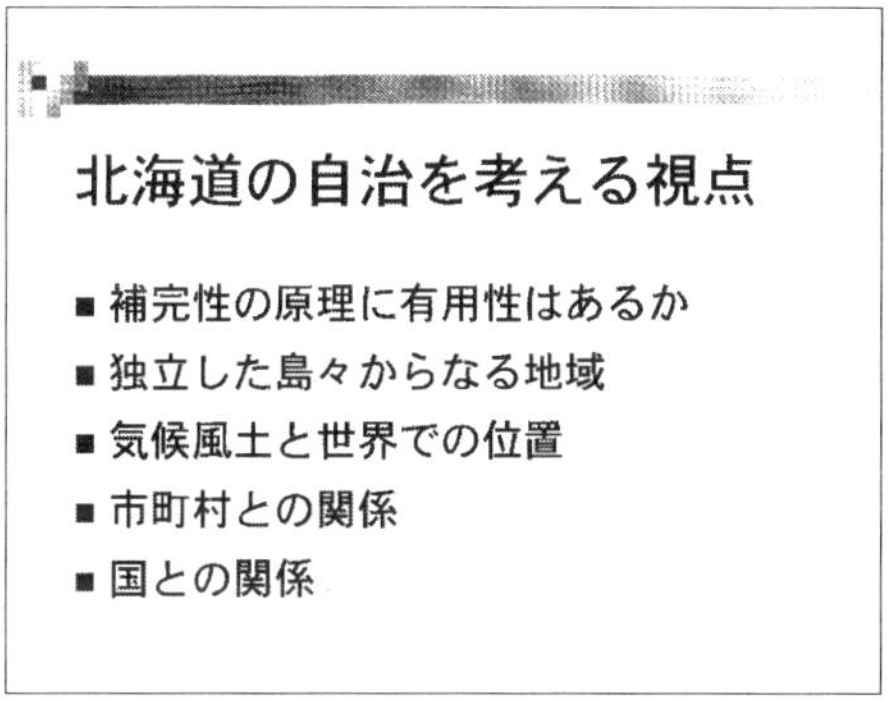
北海道の自治を考える視点
補完性の原理に有用性はあるか
独立した島々からなる地域
気候風土と世界での位置
市町村との関係
国との関係

尻島も天売島もその他もろもろいくつかの島がありますから、ちょっと問題だろうと思って、「島々」としました。それから、比較的まとまっていますから、世界での位置というものも考えて良いのではないかということですね。北海道はそれなりのアドヴァンテージがあるのではないかということですね。そして、市町村との関係、国との関係も考えてみましょうということです。

補完性の原理の有用性

まず、補完性の原理です。これは、この後、第二講目でお話しいただく神原先生も補完性の原理ことがこれからの地方分権の核となる重要な要素であるといったことをお書きになっておられます。そういう意味では、やや言いにくいことではありますが、それとは若干違う見方もあるかもしれないということをお話しして皆様方のご判断にお任せしたいと思います。

「補完性」というのは、もともとはヨーロッパの考え方です。必ずしもそれほど明確な定義がなされているというわけではないのだそうです。とはいえ、このスライドに書きましたように、下

補完性の原理？

- 下位の社会単位（究極は個人）を優先、上位の社会単位は下位の社会単位の処理できないことについてのみ介入すべき
- 上位の社会単位の介入は上位の社会単位の権利ではなく義務、しかし、下位の社会単位の自主性を尊重奨励
- 「補完性の原理」という言葉
  - □マーストリヒト条約（１９９２年）
  - □イタリア憲法（２００１年改正）
  - □フランス憲法（２００３年改正）は言葉はなし
  - □ヨーロッパ地方自治憲章（１９８５年）は言葉なし

位の社会単位、究極的には個人ですね、それを最優先するという考え方のようです。上位の社会単位、たとえば個人に対して家庭だとか、家庭に対して市町村だとか、そういったものは下位の社会単位の処理できないことについてのみ介入すべきだ、というのが、補完性の原理の神髄のようです。ただ、もう一つ、二番目に書きましたように、どうも上位の社会単位の介入というのは、上位の社会単位の権利ではなくて義務だというのですね。しかし、そういいつつ下位の社会単位の自主性はもちろん尊重していきましょうということのようです。

この原理が、いわゆる政府間関係、国・広域的政府・市町村の関係の中で話題になった、議論になりましたのは、一九八五年にできました「ヨーロッパ地方自治憲章」にその考え方が盛られてからだとされております。言葉自体は、この「ヨーロッパ地方自治憲章」自体には書かれていないのですね。「補完性の原理」という言葉は、書かれていないのですね。

いわゆるＥＵを作ったときのマーストリヒト条約にはこの言葉が出て参ります。これが、一九九二年ですね。それから、最近の改正イタリア憲法（二〇〇一年改正）にも出ているようです。フ

ランス憲法も二〇〇三年に改正されたのですが、この言葉自体は入っていない、考え方が盛り込まれているということのようです。

この「補完性の原理」を検討してみたいのは、特に政府間関係としてみた場合には、権限を市民に最も近いレベルの政府に渡せという話ですね。そうは言っていますが、一方、権限をより上位の政府に移すことを正当化しているようにも見えるのですね。これはなぜかというと、先ほどこれは権利ではなくて義務だと言いました。つまり、足りないところは、きちんと上位の政府が代替しなくてはいけないということを含意しているようだからなんですね。ですから、上位の政府が、「あなた方がやれないいんならわれわれがやりますよ」ということを前提にしているようです。

補完性の原理の大きな方向性は、まずは自分で、その後は次第に大きな規模の社会や政府で、ということなんですけれども、具体的にそれをどのように権限配分するかということに関しては、必ずしも明確ではないと言えるようです。

それから、やれないんなら補完してやるぞという原理に変わってしまう可能性はないのだろうかということです。さきほども、市町村は総合行政主体であるという言い方に注目してもらったわけですけれども、これがなかなかくせ者ですね。市町村というのは総合行政主体でなければならないと言われております。これが、最近の市町村合併を推進する際のポイントになっているわけです。総合行政主体というのは、なんでもきちんとやれなければならない、そのためには、つまりまさに補完性の原理を実現していくためには、市町村の規模を相当程度大きくしなければならないというわけですね。大規模化して専門的職員もおいて、行政も効率化して、きちんとした評価をおこなって、そういったことを市町村行政、基礎自治体行政はおこなわれなければならないのだということになっているわけです。この総合性ということが、まず市町村に要求されて、それを補完するものとして都道府県を考える、さらに国というものを考える、という発想ですね。

総合行政主体になれない市町村は認められるか

それでは、総合行政主体になれないかもしれない市町村は、そうならない自由は許されないのか、許されるのか、そこがよくわからないのですね。市町村合併をめぐる議論で、自立しますという言葉をよく聞くのですけれども、別の言い方をしますと、国の言う総合行政主体に必ずしもなれなくても良いということですね。そういう考えも自立するといっている市町村にはあるかもしれません。そうすると、総合行政主体にはなれなくても良いから、しかし、市町村という形態はとっておきたい、というところにとって、それは補完性の原理からいうとどうも許されないのではないのか、という印象を持つわけです。効率化を図れないような自治体を、ではどうするのか。まさに上位の政府に権限を移していくことを正当化していく原理になるのではないかと思われるわけですね。一つは、統合せよということを上位の政府がいうということですね。合併して規模を拡大して、総合行政主体になれるように、そして、補完性の原理が成り立つくらいのきちんとした規模の市町村になれという議論が出てくるのは、むしろなるほどという感じがするのですね。

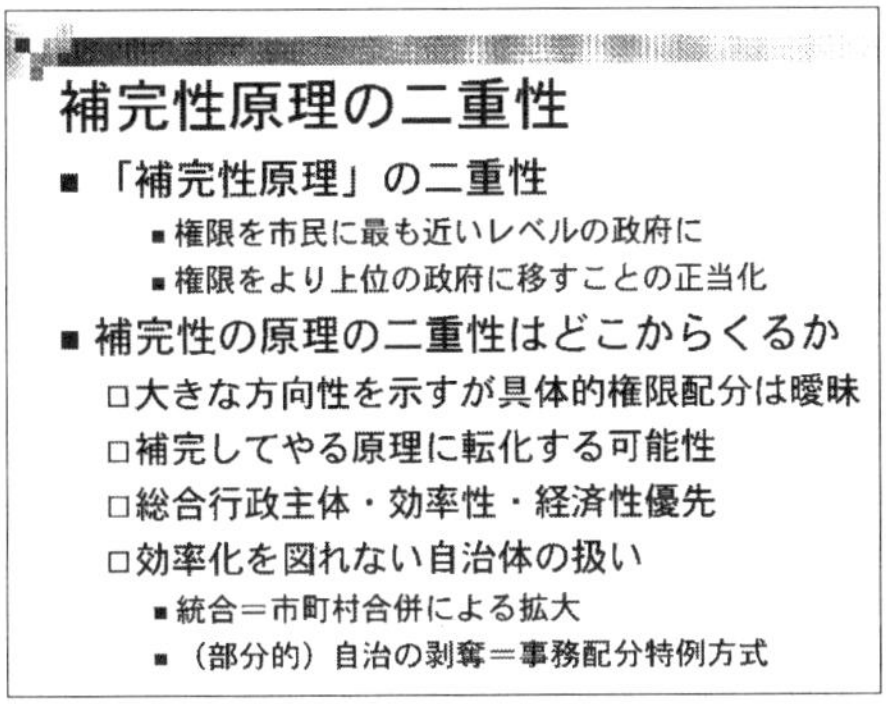

補完性原理の二重性
■「補完性原理」の二重性
■権限を市民に最も近いレベルの政府に
■権限をより上位の政府に移すことの正当化
■補完性の原理の二重性はどこからくるか
□大きな方向性を示すが具体的権限配分は曖昧
□補完してやる原理に転化する可能性
□総合行政主体・効率性・経済性優先
□効率化を図れない自治体の扱い
■統合＝市町村合併による拡大
■（部分的）自治の剥奪＝事務配分特例方式

一方、なれなかったらどうするのだということについては、それはそもそも補完しなければならないのだから、都道府県や国は補完しなければならないのだから、事務配分特例方式のようなかたちで補完をしていく、無理矢理補完をするということを言っているようにも見えるわけです。市町村合併推進を求めている方たちは、この補完性の原理をよく理解していて、その必要性を主張しておられるのかなとも思ったりするわけです。

この辺は、ヨーロッパの概念ということで、私には少々わからないというか、どうも論理的にしっくりこない部分があるのですね。本家本元ではおそらくなにがしかのしっかりとした原理となっているのでしょうけれども、私にはちょっと理解できない原理が働いているように見えます。単純に言葉通りにとって良いのかどうか、難しいような気がいたします。今日はこの点は、このように思うので、大丈夫なのでしょうかという問題提起をする程度で、補完性の原理はだめなんだと申し上げるつもりは全くございません。ただ、この点は、深く考えていかないと、かえって市町村合併を推進せよという議論になってみたり、あるいは、補完性の原理を実現するまでにならないような自治体については、そもそも自治体としてのあるいは市町村としての資格はないということになってしまう可能性がないのかどうかが心配なわけです。

総合行政主体ではないアメリカの基礎自治体

先程来、ヨーロッパということを強調しておりますが、アメリカの地方自治の原理は、どうもこれとは違うような気がします。補完性の原理は、ある程度の自治体の規模を要求しますから、それは、ある種の規模の原理になるんでしょうか。また、各自治体は同じような住民サービスをおこなうということを前提にしないと成り立たないようにも見えますから、自治体の同一性の原理とでも言いますか、そういったものに置き換わるようにもみえるんですね。ところが、アメリカの場合は、市町村について、規模が大きいところと小さいところがあるのを自由に認めてしまうわけです。規模が小さくても自治体でありたいというところは、その自治体行政がおこなう仕事を少なくすれば良いではないかと考えているようですね。少なくなった分、単純化して言えば、日本で言うところの一部事務組合に近い「特別区」とか州が直接おこなう方式をとるわけです。これは、確かに、補完といえば補完なのです。

しかし、さきほどちょっとご紹介しましたように、州というのが非常に大きな権限をもっておりますす。これは自治体ではないのですね。何度も言うようで恐縮ですが、アメリカの州は国です。どれくらい国かと言いますと、今年も大統領選挙がございますが、あれをご覧になればわかりますように、アメリカ大統領選挙は直接選挙ではありません。州の中に選挙人というのがいて、有権者はブッシュとか、誰かとかの名前に投票するのですけれども、その票の多くを獲得した方が全部その州の選挙人数を獲得するのですね。その選挙人たちがワシントンに集まって、投票するという仕組みです。昔は、通信手段も限られていましたから、このような仕組みにしたのも理由があったのでしょうね。ですから、前の選挙の時のブッシュさんもそうでしたし、そのほかにも何件か例がありますが、実際の国民の投票数でみますと得票数が少ないのに、制度的には大統領になるというケースが出てくるわけです。州単位で選挙人を勘定するからそういうことになるわけですね。

そのほかにも、下院議員の選挙の方法、任期、これは任期制限をしている州もあれば、そうしない州もあるという具合に、州によって異なっているわけです。もちろん、交通ルールだとか、死刑があるかないかとか、刑法の罪の要件、民法、離婚法、離婚をしやすいとかしにくいとか、そういったことを全部州が決めているわけです。そういう意味で、本当に国と言った方がよいわけです。

州が力をもっていますから、市町村レベルは、これも州によって違うのですが、それぞれ自分のできそうなことをしますというので作られているわけです。自分たちでできそうなことを自主的におこないますということですから、下から補完していくというよりも、州が全部もっている、全権を掌握している、市町村はその中からちょっとつまみ食い的に権限をもらっていますという具合になるんですね。ですから、補完性の原理とは違うのではないかと思うのですが、いかがでしょうか。

独立した気候風土の北海道

さて、話をもう少し簡単な、ざっくばらんな話に持って行きたいと思います。北海道は独立した島々なわけです。道内で完結した行政ができます。ここがほかの都府県と異なるところですね。いろいろな道州制の提案があります。けれども、おそらく北海道と青森を合体するというような道州制の区域の提案はないと言ってよいでしょう。

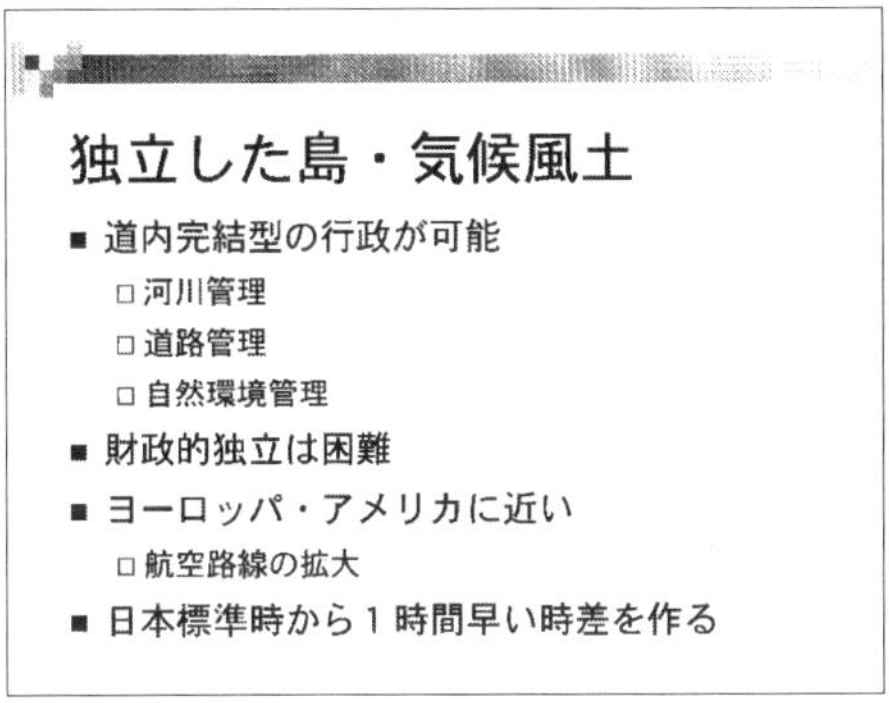
独立した島・気候風土
■ 道内完結型の行政が可能
□ 河川管理
□ 道路管理
□ 自然環境管理
■ 財政的独立は困難
■ ヨーロッパ・アメリカに近い
□ 航空路線の拡大
■ 日本標準時から１時間早い時差を作る

青森以南ですと先ほどご紹介しましたように、北海道を除くと六から八の道州ということに、おおよそなりますね。それをどこで区切って道州の地域にするか、議論のあるところです。現行の国の地方支分部局の区域割りも結構バラバラです。それぞれ自分たちの省の行政にとって都合の良いように出先機関を作っているわけです。そういういろんな地域割りが、青森以南であるのです。こうした地域割りは、国の地方支分部局以外にもいろいろあります。北海道に関して言いますと、ほとんど見事に、知事会の区分

だけが違うのですけれども、これは当たり前ですね。北海道知事会を作っても一人しかいませんからね。会にならない。したがって、北海道東北知事会になっているわけです。そうした例外を除けば、ほとんど北海道は一つの単位になっております。

完結した河川管理・道路管理が可能

スライドに書きましたように、河川管理、道路管理、自然環境管理などは北海道独自で可能なわけです。北海道の川は青森県に絶対に流れていきませんので、当たり前ですね。したがって、河川管理は完結しておこなえるわけです。本州・四国・九州ですと一つの河川が他の都府県にまたがって流れたり、川岸がそれぞれ違う都府県だったりするわけです。仮に道州の組み合わせをいろいろ考えたとしましても、なかなか区分が難しいと思うのですね。うまく河川の流域がきちんと含まれるのか、それが可能な道州の区域割りが可能なのか難しいですね。特に本州の場合はそうです。長野県を流れているときには千曲川と言っていた川が、新潟県にはいると同じ川の流れが信濃川に名称が変わってしまうといったところが、同じ道州の中にはいるのかとかですね。それと道路管理とか自然環境管理とかそういったものと組み合わせて考えなければならないとなると、道州制にしますよと言ったところで、なかなか難しいと思います。ところが、北海道ではこれは全然問題がありません。

道路管理もそうですね。津軽海峡に橋を造って本州と結ぼうという構想は、なかったわけではないでしょうが、いつのことやらという感じですね。ということは、道路は北海道ですべて完結するわけです。これも、完全に北海道で道路管理ができます。道路は、本州の場合は、道州ができたとしても、どこかで急に行き止まりになるわけではありませんので、必ず隣の道州の管轄に引き継がなければならないということになりますね。

自然環境についても同じことが言えます。これについて言いますと、青森以南とは、例のブラキストン線というくらいで、植物生態が完全に分けられていますね。私は、秋田県の出身ですから、本州の北の生まれ育ちですが、九州に行きましても、森などの見た目はほとんど違っては見えないのです。ところが、距離的には遙かに近い北海道に来ますと、森や木々の様相が全然違った印象を受けます。九州に行っても別の国という感じはしないのですが、北海道に来ますと外国に来たような印象をうけるのですね。そういった自然環境が違うのですね。逆に、これをきちんと残さないとまずいのではないかと思いますね。最近、北海道にしか生息しないアブが見つかったというニュースがありましたね。そういったものもなくなってしまっては困るし、外からいろいろなものが入ってきて自然を荒らしても困る。そういった意味で完結した行政が必要になるということがあります。

財政的独立の意味

財政的な独立は困難ですが、これは考えようでしょう。開発局のいろいろな広報誌で、開発局をなくすと、北海道特例がなくなって大変なことになるというのですけれども、それは、開発局があるかないかと関係ないですね。それと、財政的な独立と言いますと、都道府県でそれができるのは、現在東京都だけですね。あとの道府県は、皆地方交付税を交付されているわけですから。それでも、最近映画ができたそうですけれども、それは、東京に原子力発電所を作ろうというまじめな議論をする映画のようです。東京に原子力発電所を作ろうという知事が出てきてどうのこうのということのようですが、私はまだ見ていません。東京には原子力発電所がないわけです。東京の電力は東京ではまかなわれていないわけですから、そんなに原子力発電所が安全だったら東京湾にたくさん作れば、電力の送電費用も安上がりになって良いでしょうと、私はかねてから言っていました。そういうことをしていないのですから、相当危ないんでしょうね。原子力発電所は。

そういったところがありますから、現状の財政の仕組みの中では、北海道は独立していない、というか独立が難しいということなのですが、本当にそうなのかどうか検討する余地があるのではないかと思っていますが、残念ながら私にはそういう能力がないので財政学の人たちにがんばってもらいたいところですね。

ただ、ひとつ思いますのは、財政的に独立しないとだめだという議論を聞くと、じゃあアメリカはどうなんだと言いたくなりますね。アメリカは、よく双子の赤字と言われるわけですけれども、財政赤字と国際収支の赤字、世界最大の債務国ですね。日本がアメリカの国債を買ってあげたりしなければ、アメリカはすぐ破産してしまうわけです。国際収支も赤字になっているわけですから、財政的には全く独立していないと言ってもよいわけですね。でも、なんか威張ってますよね。われわれこそが偉いんだ、国際的にも世界を支えているんだと言わんばかりですね。それに比べれば、北海道の財政なんてどうということはなかろうと思ったりするのですが、これはたぶん若干乱暴な議論でしょうね。でも、本当に財政的に独立しなければならないのかどうかは、考え直してみる必要があるのではなかろうかと思っています。

世界の中の北海道

一方、世界の中の北海道ということなのですが、これは私は外国にそれほど行かないのですけれども、その理由は、わざわざ成田に行ったり、関空に言ったりしなければならない、面倒くさいということもあるのですね。しかも、ヨーロッパやアメリカに行くときには、あんなに南に戻ったのに、もう一回北海道のすぐ横を飛んでいくということになりますから、なんてばからしいということで、いらいらしますから、千歳空港からすぐ出国するならいいけれど、わざわざ成田とか関空とか行かないぞという気概を一応もっているのです。航空路線は、国で言いますと成田の問題とかいろいろあって大変なのでしょうけれども、新幹線を引くよりも、千歳空港なり道内の空港なりからアメリカやヨーロッパに行けるようにすることにもっと力を入れる、道内空港の国際化の方が大事だと思います。ちょっと考え方の古い人たちが、新幹線だとか高速道路とか、こなれてはいるけれども古い技術に頼っていると思いますね。高速道路は、まだ必要のありそうなところはありますけれども。新幹線を考えるよりは、航空路線を考える方が時代にかなっていると思いますね。エアドゥは赤字で、あんなことになりましたけれども、同じく道が出資している

ＨＡＣ（北海道エアシステム）とかエア北海道の方はちゃんと人が乗っていますね。北海道から世界へとか道外へというほかに、道内の航空網もきちんと整備しなければなりません。朝のテレビニュースを見ていますと、ＮＨＫは特にですね、北海道の各空港から羽田までの便については、混雑を教えてくれるのですが、全部東京に行く便についてだけなんですね。道内の航空路線はどうなのか、道内ニュースなんだから、たとえば釧路から函館に行く便は、とか、千歳から稚内に行く便はとか、函館から丘珠に飛ぶ便はとか、混んでいるとか混んでいないとか、そういったことを知らせるのが本当だと思うんですね。そんなことは出てこないんですね。

北海道に時差を作ろう

さて、話を進めますと、独立した島です。気候風土もずいぶん違います。そこで、これが出てくるわけですね。時差を作ろうというわけです。昨日か一昨日か、北海道の道州制の説明会が札幌であったようですが、私は行けなかったのですが、プログラムを見ますとその中に、「サマータイム」というのが入っていたようです。今年は、石屋製菓の社長さんとかががんばって、サマータイムの実験をおこなっております。それはそれで大変良いことだと思いますし、私もそれに反対する気は毛頭ございません。しかし、私は、全体として北海道が日本標準時より一時間早いという、時計の針を変えなければならないということにするのが、北海道にとって必要なのではないかと思っております。朝早く起きるのが得意でない方は、ちょっといやだなぁと拒否感をもつようですが。これは、慣れます。すぐに。沖縄にいらしてみればわかりますよ。太陽の動きに比べると、人々の暮らしは北海道より少なくとも一時間は早くなっています。

時刻というのは人間が作っているのだということをまずご理解いただかなければならないんですね。自然が作っているものではないのですね。これは、よく誤解されます。太陽は、われわれ人間が作った時刻と関係なく出たり沈んだりしているわけです。それを人間の方が適当に区切っているだけなんですね。ですから、区切り方はいろいろ変更できるわけです。日本の場合は、明石市を通る東経一三五度の経線を標準時子午線としています。日本の多くの人々は子午線の東側に住んで生活しているんですね。したがいまして、アメリカやヨーロッパの人たちよりも、太陽の出る時刻からみれば、かなり遅い生活をしています。アメリカは本土に四つの時間区分がありますが、その時刻を決める子午線はいずれもほとんどその時刻を使う地域より東側に設定しています。つまり、ほとんどの人々が子午線の西側で生活しているわけです。日本でも農業や漁業を営む方たちは、早く起きて仕事を始めます。北海道の農家の方はおそらく夏場であれば、午前四時から仕事を始めることができますね。もう明るいですから。みんなすごく早く起きてがんばっているなぁということになりそうですが、それがたとえば、アメリカやヨーロッパのフランスだとかですね、そういったところですと、午前六時から仕事を始めることと同じなんですね。農家が夏午前六時から仕事を始めますというと、まあ少し早くからご苦労さんですということにはなっても、特別早起きしているという印象にはなりませんよね。ありがたみがなくなるような気がしますね。それは、たまたま日本の標準時が東経一三五度にあわせているからありがたみがあるような気になるだけなんですね。日本でも九州や沖縄の方に住んでいらっしゃる方は、アメリカとかフランスなどと同じで、太陽の動きからすると朝早くから起きなければならないことになります。たとえば、冬一二月とか一月に沖縄に行きますと、朝七時になってもまだ真っ暗なんですね。北海道では、そのころにはもう明るくなっていますね。街路灯も消えても大丈夫という時刻になっているわけです。

北海道自治体学会のメーリングリストでの議論で、冬は雪かきがあるから遅い方がよいという方がいらっしゃいましたけれども、ここでは、それを批判しませんが、北海道を差別化して、北海道は違うんだぞということをはっきり出すことが必要だと思います。

ここにご参加の方はもうご承知だと思いますけれども、日本は広い国です。非常に広い国ですから、これだけ広い国の中に時間差、時刻差を作っていないのは日本だけだと言ってよいですから、北海道こそ一時間早い時差を作るべきだと主張したいですね。そうしますと、たとえば、札幌証券取引所は、東京よりも一時間早く取引開始をできるわけです。また、一二月頃の夜は札幌ですと、午後四時になると真っ暗ですね。これだと、たとえばスキー場の照明設備のない部分は、早くにスキー客を下に降ろさなければなりませんね。営業時間を短くせざるを得ないわけです。始まるのは早くなっても、たとえば今の時刻で八時から始めますといっても一二月でも十分明るくて照明をつける必要はないわけです。スキー場の営業時間をコストをかけずにのばすことができるんですね。北海道は、私の見るところ民間も含めて役所的発想ですから、なかなかどうやってコスト削減をするかとか考えないような気がします。みんな横並びですね。札幌駅の周辺の商店街なんて一〇時にならないと開かないんですよ。電車は六時過ぎから走っているのに。夏の一〇時といったら、四時前に日の出を迎えますので、日の出から六時間もさぼっているということになりますね。それでいて、午後七時頃には暗くなりますから照明が必要になるという、非常に無駄な暮らしをしているように思います。

道内市町村との関係

さて、次に市町村と国との関係に話を移しましょう。特に北海道を考えた場合、これは道州になるのか現在のままの道で行くのか、私は北海道は二級府県だと言っているのですが、それをせめてほかの府県並みにするのか、どちらにしても北海道は地域的にはまとまっていますから、市町村との関係をどうするのかということは避けて通れないわけです。

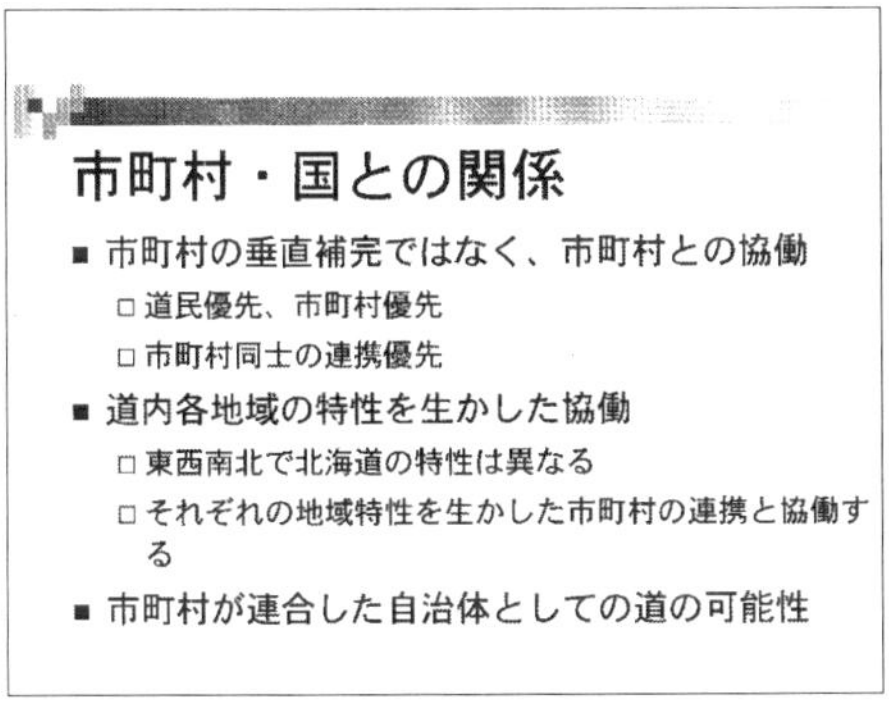
市町村・国との関係
■ 市町村の垂直補完ではなく、市町村との協働
□ 道民優先、市町村優先
□ 市町村同士の連携優先
■ 道内各地域の特性を生かした協働
□ 東西南北で北海道の特性は異なる
□ それぞれの地域特性を生かした市町村の連携と協働する
■ 市町村が連合した自治体としての道の可能性

よく言われるように、道民優先、市町村優先を考えていかなければなりません。市町村と連携することが大切であろうと思います。そして、市町村同士の連携をサポートできるようにすることも大事であろうと思います。もちろん、市町村同士が連携して道庁の助けは必要ないということであれば、それはそれで大変結構なことではあるわけです。そうしたことができるようにしていくことが、市町村との関係では大事なわけです。

北海道は一つのまとまりをもった島、というか地域であると申し上げましたけれども、簡単に東西南北といいましょうか、東北海道、西北海道、南北海道、北北海道といいましょうか、それぞれ気候条件、地域の特性が少しずつ異なるわけです。札幌や小樽など豪雪地帯があるかと思えば、室蘭だとかの太平洋側はほとんど雪は降らないですしね。一方夏は太平洋側の地域は気温が低いですけれども、日本海側やオホーツク海側では、気温が高いといったことは皆さん日頃体験なさっていることですね。このようにそれぞれの地域の気候や風土が異なっているわけです。そうした地域の特性を生かした市町村の連携が求められているわけです。もちろん、オール北海道で一つというものもあるのですが、その中の地域ごとに特性を生かしたまちづくりをおこなう、分権化を進める、それを北海道庁なりが支援することが必要になります。

このスライドの一番下に書いていますのは、さきほどご紹介しました佐藤俊一先生のおっしゃる市町村が連合した自治体としての「道」の可能性ということです。これはなかなかおもしろいと思いますね。そうなるかどうかは難しい側面がないわけではありませんが。考え方としてはおもしろいと思います。そういった「道」を前提として、それに加えて道州制を考えるとすると、今度は国の地方支分部局をどのようにしていくのか、ということが出て参ります。そういった順序立てで考えていくことも一つの選択肢であろうかと思います。

国との関係

続いて、国との関係で申しますと、財源配分について相当しっかりとした見通しをたてる必要があると思います。さきほどは、アメリカも財政赤字なんだから、北海道の域際収支が赤字であるといっても、それほどのことはないといったようなお話しをしましたけれども、それはそれとして、しかしながらやはり暮らしていけないと困るわけです。経済や財政の見通しをはっきりとつける必要があるでしょう。

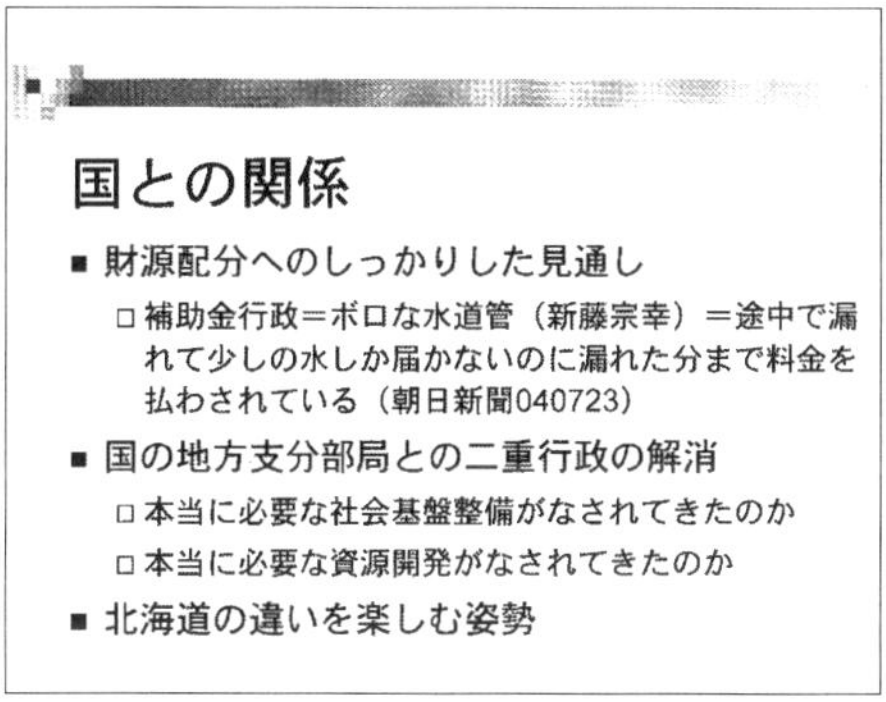
国との関係
■ 財源配分へのしっかりした見通し
□ 補助金行政＝ボロな水道管（新藤宗幸）＝途中で漏れて少しの水しか届かないのに漏れた分まで料金を払わされている（朝日新聞040723）
■ 国の地方支分部局との二重行政の解消
□ 本当に必要な社会基盤整備がなされてきたのか
□ 本当に必要な資源開発がなされてきたのか
■ 北海道の違いを楽しむ姿勢

ちょうど昨日（二〇〇四年七月二三日）の『朝日新聞』に新藤宗幸先生が、「分権化して税金は安くなるのか」という記者の質問に対して、「補助金行政はボロな水道管と同じだ」とおっしゃっていますね。途中でどんどん水が漏れちゃっているので、蛇口からでる水は細ってしまっている、ほとんど届いてこないのに、漏れた分まで料金を支払わされているとおっしゃっています。つまり、補助金と言いながら、国から出て地方に届くまでにいろいろなと

ころで、搾取というか引き抜かれていく、その分よけいな税金を払わされているというわけですね。それに対して、佐賀県の知事さんが、補助金をもらうのに佐賀県が何億円もお金をかけている、この金が補助金行政がなくなれば必要なくなるのだから、その分税金も安くできるといった議論をしておられましたね。そういう意味で、新藤先生のたとえは、言い得て妙ですね。では、全く国からの財源移転が必要ないのかというとそうではないわけです。その辺は、財政学の専門家にきちんとした議論を期待したいところです。

国の地方支分部局との二重行政

国の地方支分部局との二重行政については、本日の第三講目にお話しいただきます川村さんもかつて指摘しておられました。これを解消していくことは、大いに必要なことですね。その際に、社会基盤整備は北海道は遅れているというとよく言われます。確かにそのようにも見えます。たとえば高速道路は、青森県以南では、ほとんど計画されていた路線が整備されているわけです。一方、北海道はまだ完成していない、だから高速道路や道路整備が必要なんだということを、自民党の国会議員の皆さん方もおっしゃいますし、開発局もおっしゃいます。でも、これまで五五年体制と言われるようになって以降、九四年から九五年にかけてのほんの短い期間を除いて、自民党が政権を担っていましたね。したがって、北海道をそのような状況においてきたのは、皆さん方なんでしょうと言いたくなりますね。開発局だって、では、五〇年間何をしてきたんですかということになりますね。北海道開発庁や開発局のない本州では、高速道路網の整備は順調に行われたけれども、北海道は遅れていますということなのですから。もちろん、これは、もともとの道路環境が異なるということはあるでしょう。高速道路どころか、まずは基幹となる国道の整備さえ十分でなかったのだから、それをまず優先したのだという反論がでてくることは予想されます。

しかし、自分たちが政権を担ったり、開発を担ったりしてきたのに、足りないとおっしゃる。なぜ足りないのかという反省なり、理由なりがさっぱり説明されていないんですね。どういう条件があったので、北海道の場合には高速道路整備がうまく進んでこなかったのだということについての説明がほとんどなくて、本州より遅れていると言われても、そういうことにした人たちに、また任せろというのですか、という疑問がでて参ります。公共事業費にしても、北海道特例でたくさんもらっていたのでしょうと、公共事業予算の一割超を確保していたのでしょうと、言いたくなりませんか。

それから、資源開発の問題でも、現段階で後知恵的に申し上げても良くないのですけれども、石炭にしても国の政策に振り回されてきたのではないでしょうか。北海道にとっての資源開発とは何かということを考えてこなかったのではないでしょうか。それもこれも全部地方支分部局があったからだ、と申し上げるわけには参りませんが、道庁も少し国に遠慮しすぎていたのではないかと、自分たち自身も何か国の代弁をする機関だと自己認識しておられたのかなという気がいたします。これも、機関委任事務体制のもとではやむを得なかったのかもしれませんが。

われわれの北海道という視点

いずれにしても、こうした北海道の問題を、北海道の視点から考える、明治以来続いてきた日本の発展のために北海道をどのように活用するかという、東京というか国の発想から脱して、われわれの北海道であるという視点から考える、そういった意気込みをもって国との関係を再構築していかなければ、道州制と叫んでもそれほど意味がないのではないかと思うわけです。

北海道の全国の他地域との違い、これはいろいろなものがありますし、日本の最北に位置するわけですから、他の地域と比較してユニークな違いになっているわけです。この違いを楽しむということが道民にとっても必要だと思います。その中から、いかにわれわれの政府を作っていくのか、ということを考えていく必要があるだろうと思います。あれもないこれもないという、だから国が何とかしてくださいという、そういうのも手段としてはありかもしれませんが、そうではなくて、違うんだ、だからおもしろじゃない、と違いをうまく生かしていけるような自分たちの政府を作るという発想が良いのではないかと思います。

8　まとめ　～意味のある道州制議論を展開しよう

官治型道州制を拒否する

少々話があちこちに飛びましたので、この辺でまとめてみましょう。まず、道州制というのは、場合によっては危ない面があります。国の総合的出先機関という戦前の都道府県みたいになってしまう可能性がゼロとは言い切れません。たとえば、自民党の国会議員さんたちが道州制に関する議員懇談会を作っておられて、そこで考えられている道州制は、官治型道州制に非常に近いものです。第四次地方制度調査会の「地方」庁案に非常に近いものです。これに属している国会議員さんたちは、地元に帰って道州制の話をきちんと有権者に説明しているとは思えないのですね。

ところが、東京ではそういった議論をしているわけです。道州制促進議員連盟と言いましたか、そういった会議をおこなっているわけです。

民主党は、よくわかりません。何をどうしようとしているのか、私にはよく見えません。民主党も道州制を選挙公約にしましたから、検討は進んでいるのだろうとは思いますが、さっぱり情報は伝わってきません。むしろ検討が進んでいないのかもしれません。

ですから、相当気をつけないといけないと思っております。皆さんも道州制というのはどっかの話だと思わないで、場合によったら、官治型道州制になるということを意識しておいて注意をしていただきたいと思います。それでもわれわれの生活が良くなればそれでよいのだという考え方もあるでしょう。しかし、これまでの明治以来の動向を見ていれば、北海道にとってはそうはならないと言った方がよいでしょう。国の都合によって北海道が荒らされると考えた方がよいでしょう。今までもそうでしたからね。それがさらに進むと考えた方がよいと思います。

結論

- 道州制は国の総合出先機関となりうる可能性を常に秘めていることを意識しなければならない
- 道内一極集中を回避する仕組みの構築
  - 道庁の本庁舎を苫東に移転する
  - 札幌市を解体して自治に適切な人口規模の自治体を作る
  - 子育てしやすい状況を作る
- 道外の常識＝道内の非常識

一極集中を回避する

とは言いましても、北海道内でも一極集中が進んでおります。道州制に対する一つの懸念は、道州の中心になる、たとえば、北海道は札幌でしょうし、東北六県が一つにまとまるとすると仙台でしょうか、そういったところにどんどん人口が集中することになってしまうのではないか、ということですね。それをどうにかしなければならない。それをやや落語みたいな話なのですけど、道庁の本庁舎を、苫東開発の責任をとって、苫東に移してしまう、開発局も移す、というのはどうでしょうね。千歳空港も近いから良いかもしれませんよ。そのときに初めて、札幌市がどれだけ力量があるのかがわかるわけです。東京都も同じですね。東京の人たちは、われわれが満員電車に揺られて苦労しながら稼いだ税金を地方の熊しか通らないような道路に投資されているのはけしからんというわけです。ではどうして東京にそんなに人が集まるんですかということですね。いろいろな理由があるでしょうが、国会や中央省庁が集中しているからではないですか。特に戦後の集中なんてそうだと思います。一八八八年に今の都道府県の区域がほぼ固まったころですと、東京都より新潟県の方が人口が多かったんですね。だったら、ほかの道府県についても、霞ヶ関のような中央省庁を置いてみて、東京から首都を移してみて、それで東京都がどうなるかを見てみないと、本当の東京都の実力はわからないわけです。だから首都移転もやってみなければいけないと思うのですね。ところが、あの石原都知事でさえ、役人はけしからんとか言っているのに、東京から首都を移すのは絶対反対だとおっしゃっているのですね。おかしいんです。そんなに自信があるんだったら、どうぞどうぞと、われわれは霞ヶ関の役人がいなくなったてびくともしませんよ、そんなものに頼って東京都はこれだけ立派になったのではないのですよと、これだけ豊かになったのは、われわれががんばったからですよと、言えるはずなんですね。だから首都移転についても、どうぞどうぞと言えるはずなんです。それなら、われわれも東京の人たちが、われわれの税金を熊しか通らない道路に投資しているのはけしからんというのはよくわかる、その通りだと言えますよ。申し訳ありませんということになります。ところが、霞ヶ関というか中央省庁の役人はがっちり抱え込んで、しかも中央集権で国中の富が東京に集中するような政策にしておいて、それは離さないで、それなら、東京の人が地方にたくさんお金を出すのは当然なんじゃないですかと言いたくなります。皆さんはそうは思いませんか。

同じことは、札幌についても言えるわけです。なんだかんだ言っても、道庁は道内の財政配分に影響力を持っていますから、それがなくなって、道庁の職員も引っ越したときに、札幌市の本

ますが。

当の実力がわかるわけです。そうなったときが楽しみですね。もちろん大丈夫だと私は思っています。

もう一つは、佐藤俊一さんも言っておられますが、また、私もそう思っていますが、政令都市は必要ないのではないかということですね。札幌市を分割して、複数の市に分けてしまって良いのではないかと思うわけです。つまり、道内の旭川市とか函館市とか、その他の市と同じくらいの人口規模にして、その上で道州制を考えるということが必要でしょう。そうしないと、道州制の制度設計をおこなうときの条件が複雑になるんですね。片一方で権限の多い政令指定都市があり、もう片方に比較的小規模の市町村もあるというのでは、相当複雑な制度設計をしなければなりません。政令指定都市がなくなれば、それだけで制度設計は複雑さを減ずるわけです。これも、今後道州制を考える際の大きな課題だと思います。地方自治の側面からも、適切な人口規模の自治体を作る、これは市町村合併の推進派も言っているわけですから、大きすぎるのも問題ですから政令指定都市を分割するということも必要だと思います。

将来の北海道人のための道州制

北海道の道州制特区にも出ていたことを、一つだけコメントしたいと思います。子育てしやすい状況をつくるということです。道庁の提案した道州制特区にあるようなことでは、子育てをしようという人が増えるとは思えません。この中にも子育て中の方がいらっしゃればわかると思います。子育ては、日本の場合もっとも大変なのは小さい子供の頃ではないのですね。高校生とか大学生とかになったときですよね。ともかく金がかかる。ほとんどの人は、そうした先のことを考えるから、たくさんの子供を育てたいと思っていてもためらってしまうわけです。保育園が足りないということもあるかもしれませんが、そんなことではないと思います。たとえば、最低限、北海道出身で北海道で生まれ育った子供たちが大学生になるときには、四年間分の学費を全部、所得に関係なく、国公立私立に関係なく、支給するといったことにしないとだめです。北欧やヨーロッパの国々のほとんどは学費は無料です。あっても特別な私立大学でもない限り、非常に安い授業料です。そうでないところは、日本と同じように少子化に悩んでいるわけです。三人目か四人目の子供が生まれたら奨励金を出しますよといった市町村もありますが、これもナンセンスですね。小さいときにそんなにお金がかかるわけではありませんから。

そして、北海道外の常識が道内の非常識ということがあります。北海道の独自性を再度皆さんに考えていただきたいと思います。北海道の悪いところばかり見ないで、悪いと思っているところを生かした、それをアドヴァンテージとしてとらえるような北海道づくり、地域づくりを考えて進めていただくのが必要です。道州制の議論もそうした視点から、自分たちの手で、自分たちの生活のために、地域をコントロールできるような政府の仕組みを構築するという気概でおこなわないといけないということを申し上げて、講義を終えたいと思います。ご静聴ありがとうございました。

（本稿は、二〇〇四年七月二四日に、北海学園大学六〇番教室で開催された土曜講座の講演を記録したものです。）

著者紹介

佐藤　克廣（さとう・かつひろ）
北海学園大学法学部教授。
一九五四年、秋田県に生まれる。八一年中央大学大学院法学研究科政治学専攻博士後期課程単位取得満期退学。八一年北海学園大学法学部講師、八六年同大学法学部助教授を経て、九四年より現職。

【主な著書等】
『自治体における政策評価の課題』（一九九九年）、『自治体の広域連携』（二〇〇〇年）、『市町村行政改革の方向性─ガバナンスとNPM』（二〇〇四年）いずれも公人の友社。『日本の政府体系』（二〇〇二年）共著・成文堂。『基礎的自治体システムの構築と地方制度改革』（二〇〇三年）共著・自治総研。『もう一つの道州制～第一回・日本時間から北海道時間へ～』（二〇〇四年）共著・札幌21の会。その他多数。

刊行のことば

「時代の転換期には学習熱が大いに高まる」といわれています。今から百年前、自由民権運動の時代、福島県の石陽館など全国各地にいわゆる学習結社がつくられ、国会開設運動へと向かう時代の大きな流れを形成しました。学習を通じて若者が既成のものの考え方やパラダイムを疑い、革新することで時代の転換が進んだのです。

そして今、全国各地の地域、自治体で、心の奥深いところから、何か勉強しなければならない、勉強する必要があるという意識が高まってきています。

北海道の百八十の町村、過疎が非常に進行していく町村の方々が、とかく絶望的になりがちな中で、自分たちの未来を見据えて、自分たちの町をどうつくり上げていくかを学ぼうと、この「地方自治土曜講座」を企画いたしました。

この講座は、当初の予想を大幅に超える三百数十名の自治体職員等が参加するという、学習への熱気の中で開かれています。この企画が自治体職員の心にこだまし、これだけの参加になった。これは、事件ではないか、時代の大きな改革の兆しが現実となりはじめた象徴的な出来事ではないかと思われます。

現在の日本国憲法は、自治体をローカル・ガバメントと規定しています。しかし、この五十年間、明治の時代と同じように行政システムや財政の流れは、中央に権力、権限を集中し、都道府県を通じて地方を支配、指導するという流れが続いておりました。まさに「憲法は変われど、行政の流れ変わらず」でした。しかし、今、時代は大きく転換しつつあります。そして時代転換を支える新しい理論、新しい「政府」概念、従来の中央、地方に替わる新しい政府間関係理論の構築が求められています。

この講座は知識を講師から習得する場ではありません。ものの見方、考え方を自分なりに受け止めてもらう。そして是非、自分自身で地域再生の自治体理論を獲得していただく、そのような機会になれば大変有り難いと思っています。

「地方自治土曜講座」実行委員長
北海道大学法学部教授　森　啓

（一九九五年六月三日「地方自治土曜講座」開講挨拶より）

地方自治土曜講座ブックレット No.102
道州制の論点と北海道

2005年3月30日　初版　　　　定価（本体1，000円＋税）

著　者　　佐藤　克廣
企　画　　北海道町村会企画調査部
発行人　　武内　英晴
発行所　　公人の友社
〒112-0002　東京都文京区小石川5－26－8
TEL 03－3811－5701
FAX 03－3811－5795
Eメール koujin@alpha.ocn.ne.jp
http://www.e-asu.com/koujin/

公人の友社のブックレット一覧
(05.3.31現在)

「地方自治土曜講座」ブックレット

《平成7年度》

No.1
現代自治の条件と課題
神原勝　900円

No.2
自治体の政策研究
森啓　600円

No.3
現代政治と地方分権
山口二郎　[品切れ]

No.4
行政手続と市民参加
畠山武道　[品切れ]

No.5
成熟型社会の地方自治像
間島正秀　500円

No.6
自治体法務とは何か
木佐茂男　[品切れ]

No.7
自治と参加アメリカの事例から
佐藤克廣　[品切れ]

No.8
政策開発の現場から
小林勝彦・大石和也・川村喜芳
[品切れ]

《平成8年度》

No.9
まちづくり・国づくり
五十嵐広三・西尾六七　500円

No.10
自治体デモクラシーと政策形成
山口二郎　500円

No.11
自治体理論とは何か
森啓　600円

No.12
池田サマーセミナーから
間島正秀・福士明・田口晃　500円

No.13
憲法と地方自治
中村睦男・佐藤克廣　500円

No.14
まちづくりの現場から
斎藤外一・宮嶋望　500円

No.15
環境問題と当事者
畠山武道・相内俊一　[品切れ]

No.16
情報化時代とまちづくり
千葉純・笹谷幸一　[品切れ]

No.17
市民自治の制度開発
神原勝　500円

《平成9年度》

No.18
行政の文化化
森啓　600円

No.19
政策法学と条例
阿倍泰隆　[品切れ]

No.20
政策法務と自治体
岡田行雄　[品切れ]

No.21
分権時代の自治体経営
北良治・佐藤克廣・大久保尚孝
600円

No.22
地方分権推進委員会勧告と
これからの地方自治
西尾勝　500円

No.23
産業廃棄物と法
畠山武道　[品切れ]

No.25
自治体の施策原価と事業別予算
小口進一　600円

No.26
地方分権と地方財政
横山純一　[品切れ]

《平成10年度》

No.27
比較してみる地方自治
田口晃・山口二郎　[品切れ]

No.28
議会改革とまちづくり
森啓　400円

No.29
自治の課題とこれから
逢坂誠二　[品切れ]

No.30
内発的発展による地域産業の
振興
保母武彦　600円

No.31
地域の産業をどう育てるか
金井一頼　600円

No.32
金融改革と地方自治体
宮脇淳　600円

No.33
ローカルデモクラシーの統治能力
山口二郎　400円

No.34
政策立案過程への「戦略計画」手法の導入
佐藤克廣　500円

No.35
98サマーセミナーから「変革の時」の自治を考える
神原昭子・磯田憲一・大和田建太郎
600円

No.36
地方自治のシステム改革
辻山幸宣　400円

No.37
分権時代の政策法務
礒崎初仁　600円

No.38
地方分権と法解釈の自治
兼子仁　400円

No.39
市民的自治思想の基礎
今井弘道　500円

No.40
自治基本条例への展望
辻道雅宣　500円

No.41
少子高齢社会と自治体の福祉法務
加藤良重　400円

《平成11年度》

No.42
改革の主体は現場にあり
山田孝夫　900円

No.43
自治と分権の政治学
鳴海正泰　1,100円

No.44
公共政策と住民参加
宮本憲一　1,100円

No.45
農業を基軸としたまちづくり
小林康雄　800円

No.46
これからの北海道農業とまちづくり
篠田久雄　800円

No.47
自治の中に自治を求めて
佐藤　守　1,000円

No.48
介護保険は何を変えるのか
池田省三　1,100円

No.49
介護保険と広域連合
大西幸雄　1,000円

No.50
自治体職員の政策水準
森啓　1,100円

No.51
分権型社会と条例づくり
篠原　一　1,000円

No.52
自治体における政策評価の課題
佐藤克廣　1,000円

No.53
小さな町の議員と自治体
室崎正之　900円

No.54
地方自治を実現するために法が果たすべきこと
木佐茂男　[未刊]

No.55
改正地方自治法とアカウンタビリティ
鈴木庸夫　1,200円

No.56
財政運営と公会計制度
宮脇淳　1,100円

No.57
自治体職員の意識改革を如何にして進めるか
林嘉男　1,000円

《平成12年度》

No.58
北海道の地域特性と道州制の展望
神原勝　[未刊]

No.59
環境自治体とＩＳＯ
畠山武道　700円

No.60
転型期自治体の発想と手法
松下圭一　900円

No.61
分権の可能性
スコットランドと北海道
山口二郎　600円

No.62
機能重視型政策の分析過程と財務情報
宮脇淳　800円

No.63
自治体の広域連携
佐藤克廣　900円

No.64
分権時代における地域経営
見野全　700円

No.65
町村合併は住民自治の区域の変更である。
森啓　800円

No.66
自治体学のすすめ
田村明　900円

No.67
市民・行政・議会のパートナーシップを目指して
松山哲男　700円

No.69
新地方自治法と自治体の自立
井川博　900円

No.70
分権型社会の地方財政
神野直彦　1,000円

No.71
自然と共生した町づくり
宮崎県・綾町
森山喜代香　700円

No.72
情報共有と自治体改革
ニセコ町からの報告
片山健也　1,000円

《平成13年度》

No.73
地域民主主義の活性化と自治体改革
山口二郎　600円

No74
分権は市民への権限委譲
上原公子　1,000円

No.75
今、なぜ合併か
瀬戸亀男　800円

No.76
市町村合併をめぐる状況分析
小西砂千夫　800円

No.77
自治体の政策形成と法務システム
福士明　[未刊]

No.78
ポスト公共事業社会と自治体政策
五十嵐敬喜　800円

No79
男女共同参画社会と自治体政策
樋口恵子　[未刊]

No.80
自治体人事政策の改革
森啓　800円

《平成14年度》

No.82
地域通貨と地域自治
西部忠　900円

No.83
北海道経済の戦略と戦術
宮脇淳　800円

No.84
地域おこしを考える視点
矢作弘　700円

No.87
北海道行政基本条例論
神原勝　1,100円

No.90
「協働」の思想と体制
森啓　800円

No.91
協働のまちづくり
三鷹市の様々な取組みから
秋元政三　700円

《平成15年度》

No.92
シビル・ミニマム再考
ベンチマークとマニフェスト
松下圭一　900円

No.93
市町村合併の財政論
高木　健二　800円

No.94
北海道自治のかたち論
神原　勝　[未刊]

No.96
創造都市と日本社会の再生
佐々木雅幸　800円

No.97
地方政治の活性化と地域政策
山口二郎　800円

No.98
多治見市の政策策定と政策実行
西寺雅也　800円

No.99
自治体の政策形成力
森啓　700円

《平成16年度》

No100
自治体再構築の市民戦略
松下圭一　900円

No.101
維持可能な社会と自治
『公害』から『地球環境』へ
宮本憲一　900円

No.102
道州制の論点と北海道
佐藤克廣　1000円

「地方自治ジャーナル」ブックレット

No.2
政策課題研究の研修マニュアル
首都圏政策研究・研修研究会
1,359円

No.3
使い捨ての熱帯林
熱帯雨林保護法律家リーグ 971円

No.4
自治体職員世直し志士論
村瀬誠　971円

No.5
行政と企業は文化支援で何ができるか
日本文化行政研究会　1,166円

No.7
パブリックアート入門
竹田直樹　1,166円

No.8
市民的公共と自治
今井照　1,166円

No.9
ボランティアを始める前に
佐野章二　777円

No.10
自治体職員の能力
自治体職員能力研究会　971円

No.11
パブリックアートは幸せか
山岡義典　1,166円

No.12
市民がになう自治体公務
パートタイム公務員論研究会
1,359円

No.13
行政改革を考える
山梨学院大学行政研究センター
1,166円

No.14
上流文化圏からの挑戦
山梨学院大学行政研究センター
1,166円

No.15
市民自治と直接民主制
高寄昇三　951円

No.16
議会と議員立法
上田章・五十嵐敬喜　1,600円

No.17
分権段階の自治体と政策法務
松下圭一他　1,456円

No.18
地方分権と補助金改革
高寄昇三　1,200円

No.19
分権化時代の広域行政
山梨学院大学行政研究センター
1,200円

No.20
あなたのまちの学級編成と地方分権
田嶋義介　1,200円

No.21
自治体も倒産する
加藤良重　1,000円

No.22
ボランティア活動の進展と自治体の役割
山梨学院大学行政研究センター
1,200円

No.23
新版・2時間で学べる「介護保険」
加藤良重　800円

No.24
男女平等社会の実現と自治体の役割
山梨学院大学行政研究センター
1,200円

No.25
市民がつくる東京の環境・公害条例
市民案をつくる会　1,000円

No.26
東京都の「外形標準課税」はなぜ正当なのか
青木宗明・神田誠司　1,000円

No.27
少子高齢化社会における福祉のあり方
山梨学院大学行政研究センター
1,200円

No.28
財政再建団体
橋本行史　1,000円

No.29
交付税の解体と再編成
高寄昇三　1,000円

No.30
町村議会の活性化
山梨学院大学行政研究センター
1,200円

No.31
地方分権と法定外税
外川伸一　800円

No.32
東京都銀行税判決と課税自主権
高寄昇三　1,000円

No.33
都市型社会と防衛論争
松下圭一　900円

No.34
中心市街地の活性化に向けて
山梨学院大学行政研究センター
1,200円

No.35
自治体企業会計導入の戦略
高寄昇三　1,100円

No.36
行政基本条例の理論と実際
神原勝・佐藤克廣・辻道雅宣
1,100円

No.37
市民文化と自治体文化戦略
松下圭一　800円

TAJIMI CITY ブックレット

No.2
転型期の自治体計画づくり
松下圭一　1,000円

No.3
これからの行政活動と財政
西尾勝　1,000円

No.4
構造改革時代の手続的公正と
第2次分権改革
手続的公正の心理学から
鈴木庸夫　1,000円

No.5
自治基本条例はなぜ必要か
辻山幸宣　1,000円

No.6
自治のかたち法務のすがた
政策法務の構造と考え方
天野巡一　1,100円

No.7
自治体再構築における
行政組織と職員の将来像
今井照　1,100円

朝日カルチャーセンター 地方自治講座ブックレット

No.1
自治体経営と政策評価
山本清　1,000円

No.2
ガバメント・ガバナンスと
行政評価システム
星野芳昭　1,000円

No.4
政策法務は地方自治の柱づくり
辻山幸宣　1,000円

No.5
政策法務がゆく！
北村喜宣　1,000円

政策・法務基礎シリーズ
―東京都市町村職員研修所編

No.1
これだけは知っておきたい
自治立法の基礎
600円

No.2
これだけは知っておきたい
政策法務の基礎
800円

公人の友社の本

自治体が地方政府になる
～分権論
田嶋義介　1,900円

闘う知事が語る！
「三位一体」改革と
マニフェストが日本を変える
自治・分権ジャーナリストの会
1,600円

社会教育の終焉［新版］
松下圭一　2,500円

自治体人件費の解剖
高寄昇三　1,700円

都市は戦争できない
五十嵐敬喜＋立法学ゼミ
1,800円

挑戦する都市　多治見市
多治見市　2,000円

基礎自治体の福祉政策
加藤良重　2,300円

現代地方自治キーワード
186
小山善一郎　2,600円

アートを開く
パブリックアートの新展開
竹田直樹　4,200円